HAPPY CAMPING

Kroatien

Veronika Wengert

HAPPY CAMPING

Kroatien

Die schönsten Campingplätze für Zelt, Caravan, Van und Wohnmobil

BRUCKMANN

Inhalt

Wohlfühlplätze für Familien

Wohlfühlplätze mit Luxusfaktor

Wohlfühlplätze mit Bergblick

Wohlfühlplätze für Insider

Inhalt nach Regionen

Istrien und Kvarner-Bucht

Norddalmatien

Mitteldalmatien

Süddalmatien

Bergland

Slawonien

Nordkroatien

Unser Nachhaltigkeitskodex

Die Welt birgt viele Wunder, Abenteuer und spektakuläre Aussichten, die wir gerne erkunden möchten. Doch sie ist auch leicht aus dem Gleichgewicht zu bringen. Hier ein paar Tipps, wie wir unsere Welt nachhaltig entdecken können:

- **Die Hauptsaison meiden:** Wenn wir nicht gerade auf die Ferienzeiten angewiesen sind, können wir der Umwelt einen großen Gefallen tun, indem wir in der Nebensaison verreisen. Damit tragen wir zu einer gleichmäßigeren Auslastung der Umwelt und der Infrastruktur bei, und der Urlaub wird dazu auch noch wesentlich entspannter.
- **Die Aufenthaltsdauer dem Reiseziel anpassen:** Je weiter das Reiseziel ist, desto länger sollte der Aufenthalt sein. Dadurch lernen wir die Region nicht nur intensiver kennen, sondern stärken sie ganz nebenbei noch durch unsere Ausgaben vor Ort. Anfahrtsintensive Tagesausflüge sollten besser vermieden werden, das bedeutet nur Stress, sowohl für die Umwelt als auch für uns selbst.
- **Auf umweltschonende Verkehrsmittel setzen:** Wo es möglich ist, reisen wir mit öffentlichen Verkehrsmitteln an. Das reduziert nicht nur die Luftverschmutzung, sondern schont auch unsere Nerven. Falls das nicht geht, helfen verschiedenste Plattformen dabei, den CO_2-Ausstoß auszugleichen, vor allem, wenn das gewünschte Reiseziel nur mit dem Flugzeug zu erreichen ist.
- **Nur dort parken und campen, wo es erlaubt ist:** Selbst wenn wir uns noch so vorbildlich verhalten und unseren Aufenthaltsort so hinterlassen, wie wir ihn vorgefunden haben, stören wir den Lebensraum von Wildtieren und hinterlassen Spuren und Gerüche. Auch Lagerfeuer entzünden wir ausschließlich an den dafür vorgesehenen Stellen und achten dabei auf Waldbrandstufen und Naturschutzgebiete.
- **Ressourcen gewissenhaft nutzen:** Manche Umweltressourcen sind bereits knapp, endlich sind auf jeden Fall alle. Um sie zu schonen, sollten wir sparsam mit ihnen umgehen, gerade in Gegenden, in denen zum Beispiel Wasser oder Strom nicht im Überfluss vorhanden sind.
- **Ein guter Gast sein:** Nachhaltig unsere Umgebung zu erkunden, bedeutet auch, der hiesigen Flora und Fauna mit Respekt zu begegnen. Pflanzen sollten auf keinen Fall gepflückt werden, aber sie stehen uns bestimmt gerne Modell für das eine oder andere Foto. Das Gleiche gilt für wilde Tiere: Wir füttern sie nicht, halten Abstand und beobachten sie aus der Ferne.
- **Auf den Wegen bleiben:** Wer die vorgegebenen Wege verlässt, dringt nicht nur in die Rückzugsräume heimischer Arten ein, sondern trägt auch dazu bei, dass sich neue Wege bilden, was zur Erosion des Bodens führt.
- **Abfall wieder mitnehmen:** Plastikverpackungen jeglicher Art, Dosen, Flaschen und Papiertaschentücher (es dauert Jahre, bis sich ein einzelnes Taschentuch vollständig abgebaut hat!) gehören nicht in die Natur, sondern artgerecht entsorgt. Am besten gleich eine wiederverwendbare Brotdose oder Trinkflasche mitnehmen. Dazu zählen natürlich auch Toilettenpapier und der Inhalt von (Chemie-) Toiletten. Entsprechende Entsorgungsstationen finden sich überall.
- **Lokal kaufen:** Dadurch lernen wir Land und Leute besser kennen und unterstützen die regionale Wirtschaft, außerdem sind regionale Produkte meist auch preisgünstiger und qualitativ hochwertiger.

So wie wir die Umwelt respektieren, wollen wir auch unseren Mitmenschen und deren Kultur Respekt entgegenbringen, gerade im Hinblick auf deren Traditionen, Religion oder typische Gebräuche. So können ein Lächeln oder ein paar Worte in der Landessprache Berge versetzen!

Schön schattig, mit unverstelltem
Blick aufs Meer – da will man hin!

Vorwort

Camping macht glücklich – in Kroatien erst recht. Hier scheint die Sonne länger als anderswo, das Meer glitzert türkisblau und umspült mehr als 1000 Inseln. Die bleichen Berge in Dalmatien sind gezackt, und die grünen Kuppen tragen Hügelstädtchen, vor allem in Istrien. Bis in die nächste antike oder venezianische Küstenstadt ist es nie weit. Fernab der Adria gibt es Naturhighlights, die man so gar nicht auf dem Schirm hat: Sumpfgebiete im Landesinneren, in denen man dicht an dicht mit Störchen, Schildkröten und Schilf campt. Ganz großes Naturkino bieten die Nationalparks mit ihren schäumenden Wasserfällen. Und wenn man an endlosen Sonnenblumenfeldern vorbei durch Slawonien gleitet, ist es nie weit bis zum nächsten Winzer oder guten Restaurant – was sich für Campingplätze nicht unbedingt behaupten lässt. Die meisten erstrecken sich nämlich an der 1777 Kilometer langen Küste, im Landesinneren wird es dünner bis ganz dünn.

Aus mehreren Hundert Plätzen, die es in Kroatien gibt, habe ich die schönsten 55 herausgepickt, über das ganze Land verteilt – von unentdeckten Perlen bis hin zu bewährten Plätzen, die kaum Wünsche offenlassen. Die Auswahl ist persönlich, und dieses Reisebuch ist wie eine bunte Tüte vom Kiosk, voller Überraschungen. Ebenso bunt gemischt ist die Gruppierung der Plätze in diesem Reisebuch – nach fünf Hauptthemen: Da gibt es Plätze ohne viel Schnick und Schnack, die gut zum Entschleunigen sind; dann solche, auf denen sich Familien besonders wohl fühlen; ein Kapitel gehört dem Luxuscamping, sei es im Tipi oder im Kugelzelt; in einem weiteren stehen Campingplätze mit Bergblick im Mittelpunkt, und zuletzt verrate ich Ihnen noch ein paar Wohlfühlplätze für Insider. Die kleinen, versteckten sind zugleich meine liebsten – wo ich als Zeltcamperin einfach ein paar Heringe in die Wiese klopfen darf.

Lassen Sie sich von meiner Begeisterung für Land und Leute in Kroatien anstecken! Möge dieses Reisebuch Sie inspirieren und den passenden Wohlfühlplatz finden lassen. Viele schöne Campingmomente in Kroatien wünsche ich Ihnen!

Herzlich,

Ihre Veronika Wengert

Das Meer spielt in Kroatien meist die Hauptrolle – so auch auf dem Brioni Sunny Camping in Istrien.

Wohlfühlplätze zum Entschleunigen

Ohne Schnick und Schnack campen. Nachts Funkelsterne am Himmel gucken oder Gluckerwellen lauschen. Tagsüber mit einem beherzten Sprung in die kristallklare Adria tauchen oder in einer lauschigen Felsbucht herumdümpeln. Was will das Camperherz mehr?

Das Meer ist grün und blau, der Strand meist nur wenige Schritte entfernt: Kroatien ist perfekt für klassisches Schönwetter-Camping. Es gibt winzige, große und riesige Campingplätze, die kaum unterschiedlicher sein könnten – doch eines verbindet sie: Die meisten erstrecken sich entlang der 1777 Kilometer langen Festlandküste, einige auch auf den vorgelagerten Inseln. Mit ein wenig Glück findet sich daher immer irgendwo ein nettes Plätzchen mit Meerblick. Mitunter bedarf es ein wenig Planung im Hochsommer, da solche Plätze besonders begehrt sind. Wer ohne viel »Drumherum« auskommt – mit Fokus auf klassischem Camping in der Natur – und einfach nur entschleunigen und einen Gang zurückschalten möchte, wird auf diesen Plätzen sein Campingglück finden!

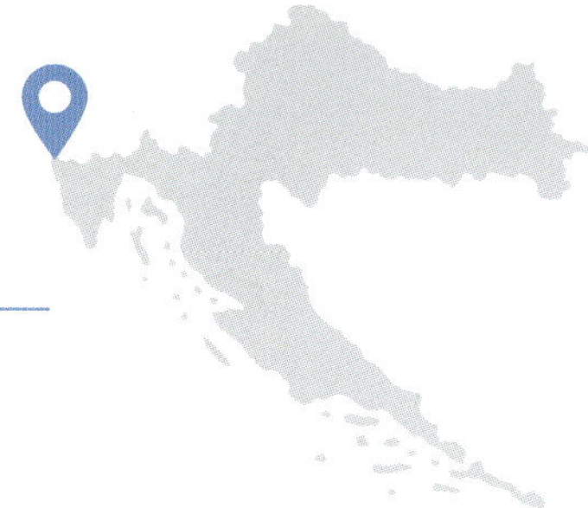

1 Kein Liebesgeflüster unterm Leuchtturm

Am Kap Savudrija beginnt die Campingplatz-Girlande

Eine zerklüftete Küste mit vielen Badeplätzen wartet nur ein paar Schritte von der Parzelle entfernt. Auf Kroatiens nordwestlichstem Kap bei Savudrija wird im Schatten eines alten Leuchtturms mit herzbewegender Geschichte gecampt.

Weiter westlich kommt man in Kroatien nicht: Das felsige Kap Savudrija ragt hier, im Nordwesten der Halbinsel Istrien, weit in die Bucht von Triest hinein. Reist man über die slowenische Küste an, bildet der Campingplatz Lighthouse den Auftakt. Auf ihn folgt eine Girlande großer, teils riesiger Ferienanlagen an der Westküste Istriens. Davon hebt sich dieser kleine, familiäre Platz mit seinen gerade einmal 30 Stellplätzen deutlich ab.
Doch auch sonst fällt er auf: Mit einer knallgelben Chipkarte wird der Duschregen gestartet, und ein Geschirrspüler braust Teller und Tassen in wenigen Minuten blitzblank. Da bleibt mehr Zeit zum Baden, ob auf Felsplatten oder am Kiesstrand – auf alle Fälle gleich ums Eck und

↗ Abendstimmung an der Mole von Savudrija
↗ »Schwebende Fischerboote« beim Trocknen
← Leuchttturm an Kroatiens westlichstem Zipfel

vorzugsweise mit Badeschuhen. Gekühlte Getränke für den Strand besorgt man an der Rezeption, dort lässt sich auch die Camperküche mit Olivenöl und regionalem Wein aufstocken. Einen Laden gibt es nicht, ein Lokal befindet sich gleich am Uferweg.

Der dienstälteste Leuchtturm an der Adria

Die Bäume auf dem Platz sind noch recht jung. Dafür campt man (fast) im Schatten eines 36 Meter hohen Leuchtturms, der Schiffen schon seit 1818 den Weg weist. Hinein geht es allerdings nur für Apartmentgäste, die darin logieren. Den Leuchtturm ließ der österreichische Graf Metternich für eine Ballbekanntschaft errichten, die ihm den Kopf verdreht hatte. Aus dem geplanten Liebesnest wurde jedoch nichts, da die Angebetete kurz vor der Fertigstellung verstarb. Ein zweites Highlight sind die »schwebenden Fischerboote« unterhalb der Zufahrtsstraße. Die werden am Abend aus dem Wasser gezogen und trocknen auf zwei überkreuzten Holzpfählen einige Meter über dem Meer – ein hübsches Fotomotiv! Savudrija ist ansonsten ein Badeort mit Privatzimmern und Campingplätzen ohne »richtiges« Zentrum. Sightseeing klappt in den südlich gelegenen Küstenstädtchen Umag oder Novigrad besser!

Info

Camping Lighthouse, Svetioničarska ulica 16a, 52475 Savudrija-Bašanija, www.camp-lighthouse.hr

SIGHTSEEING
Leuchtturm Svetionik Savudrija am Platz; Fischerboote am Strand Svetionik (beim Kreisverkehr); Stadtbummel in Umag und Novigrad

ESSEN UND TRINKEN
Restaurant Lanterna, Svetioničarska ulica 16, 52475 Savudrija-Bašanija; Weinprobe in der Vinarija Degrassi, Podrumarska 3, 52475 Savudrija-Bašanija, www.degrassi.hr

ACTION UND AUSFLÜGE
Ausflug nach Slowenien in die Salinen von Sečovlje, www.kpss.si, oder ins pittoreske Küstenstädtchen Piran, www.portoroz.si; Istrische Olivenöl- und Weinstraße, www.istra.hr

ANREISE
Autobahn A1 von Ljubljana nach Koper, Grenzübergang Dragonja/Plovanija. In Savudrija der Beschilderung in den Ortsteil Bašanija folgen, am Kreisverkehr rechts die schmale Zufahrtsstraße zum Leuchtturm hinauf

TOURISTENINFORMATION
www.coloursofistria.com

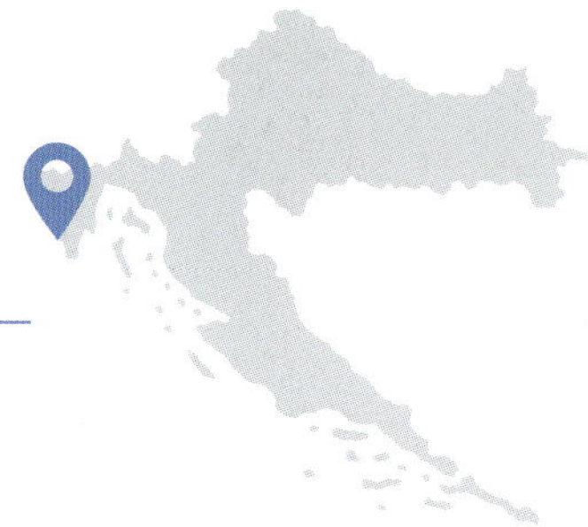

2 Morgenkaffee mit Inselpanorama

Bei Pula hat man die Brijuni-Eilande fest im Blick

Jugoslawiens Staatschef Tito hatte über 30 Villen, doch eine mochte er besonders gern: die Residenz auf dem Brijuni-Archipel. Vom Campingplatz aus hat man einen unverstellten Blick auf die Inselgruppe, auch die Hafenstadt Pula ist nicht weit.

So nah dran ist man an den Brijuni-Inseln nur selten, zumindest vor dem ersten Morgenkaffee: In Sichtweite ragen die versprenkelten Eilande aus dem Meer, und allein das beschert dem Campingplatz Brioni Sunny Camping sofort ein paar Sympathiepunkte. Glücklich, wer eine Parzelle oder ein Mobilheim in erster Reihe sein Eigen nennt und nur ein paar Schritte zum schönen Kiesstrand laufen muss. Der ist immerhin anderthalb Kilometer lang! Zeltcamper können, falls Petrus die Regenschleusen öffnen sollte, auf das Hostel am Platz ausweichen, das die Valamar-Gruppe hier ebenfalls betreibt. »On top« zur schönen Strandlage gibt es ein solides Sportangebot mit Tauchzentrum, Volleyballplatz und Bootsverleih, dazu einen Spielplatz und aufblasbaren Wasserpark für die Kleinen. Restaurant, Strandbars und Supermarkt – alles da, aber ohne Schnickschnack.
Glamourös ist hingegen die Vergangenheit der Brijuni-Inseln. Hierher lud Josip Broz Tito nicht nur Staatsgäste, sondern auch Hollywood-Schauspielerinnen wie Elizabeth »Liz« Taylor oder Sophia Loren ein. Zu Zeiten Jugoslawiens waren die Inseln für Urlauber gesperrt. Längst schon hat der Archipel jedoch Nationalparkstatus und ist im Sommer gut besucht. Tickets sollten daher besser ein paar Tage im Voraus reserviert werden, das geht auch online. Ausflugsboote starten im malerischen Küstenstädtchen Fažana, fünf Kilometer nördlich des Campingplatzes.

Mit der Bimmelbahn zur Elefantendame

Schon am Pier der größten Insel, Veli Brijun, warten Dinosaurierspuren. Das Tito-Museum nebenan verheißt mit vielen Schwarz-Weiß-Fotos eine Zeitreise in die Ära des Kalten Krieges. Dann tuckert das Tou-

→ Früher marschierten hier Gladiatoren auf, heute sind es Urlauber: die Arena von Pula.

ristenbähnchen mit deutschsprachiger Dauerbeschallung an römischen Ruinen, einem Methusalem-Olivenbaum und einem Safari-Park vorbei. Dort leben noch Titos »Staatsgeschenke« oder deren Nachkommen – etwa die Elefantendame Lanka, ein Mitbringsel aus Indien.

Noch mehr Sightseeing?

Ein Fahrrad lässt die Entfernung nach Pula, der größten und urbansten Stadt Istriens, dahinschmelzen. Wer mit dem Auto oder Wohnmobil unterwegs ist, findet unterhalb des römischen Amphitheaters, dem Wahrzeichen der Stadt, meist einen Parkplatz. In der erstaunlich gut erhaltenen »Arena«, wie sie von den Kroaten nur genannt wird, fanden in der Antike Gladiatorenkämpfe vor bis zu 23 000 Zuschauern statt.

Tipp

Wenn die Ausflugsboote von den Brijuni-Inseln nach Fažana zurückkehren – nicht gleich zum Campingplatz eilen! Eine Portion gegrillter Sardinen in einer gemütlichen Taverne sollte drin sein, etwa in der Konoba Feral (www.restaurant-feral.com). Die silbrig glänzenden Mini-Fische, die nur selten auf der Speisekarte stehen, haben in dem Küstenstädtchen nämlich eine lange Tradition. Im Sommer wird ein Sardinenfest gefeiert, und an der Uferpromenade gibt es Fischskulpturen. Über 100 Zubereitungsarten kennt man hier! Selbstversorger werden in der nostalgischen Jugendstil-Markthalle in Pula fündig, wo es frische Sardinen für den schmalen Geldbeutel gibt – überhaupt ist der Markt ein Fest für die Sinne!

Pula umgibt ein dichtes Netz an Festungen, die noch aus k.u.k.-Zeiten stammen.

Der Weg durch die Altstadt führt über das römische Forum, den heutigen Hauptplatz mit dem Augustustempel. Auf dem höchsten Punkt der Stadt thront ein venezianisches Kastell, darunter zieht sich die »Zerostrasse«, ein Geflecht aus Luftschutztunnels, das der Bevölkerung zu k.u.k.-Zeiten Schutz bot. Ein nagelneuer Lift verbindet die Gänge mit dem Kastell, und der Ausblick von oben ist wirklich grandios. An klaren Tagen reicht der Blick sogar bis zum schmucken Olivenölstädtchen Vodnjan mit dem höchsten Kirchturm Istriens. Ein Besuch Pulas lohnt auch am Abend. In der Fußgängerzone rocken Straßenmusiker, und am Hafen leuchten die gigantischen Kräne der Uljanik-Werft in Rot, Grün oder Gelb – mit Lichtdesign stilvoll in Szene gesetzt! Ganz so weit muss man vom Campingplatz Sunny Brioni – der an den italienischen Namen der Brijuni-Inseln anlehnt (ebenso wie das Luxus-Anzuglabel Brioni!) – aber gar nicht fahren. Pula war zu k.u.k.-Zeiten Kriegsmarinehafen und mit einem engen Netz an Festungen umgürtet. Punta Christo ist eine davon und befindet sich nur zehn Minuten Fußweg vom Campingplatz entfernt. Leider ist die Festung nur geöffnet, wenn gerade ein Musikevent stattfindet. Eine gemütliche Hippie-Bar am äußersten Ende der Landzunge, unterhalb der Festung, ist der perfekte Ort für einen Sundowner: In Danijels Lighthouse sitzt man auf bunt zusammengeschusterten Holzbänken und alten Taurollen über einem Mini-Leuchtfeuer am Meer und hofft, dass dieser Platz möglichst lange ein »Geheimtipp« bleibt.

↑ Die Festung Punta Christo bei Pula stammt noch aus k.u.k.-Zeiten.
← Vom Campingplatzstrand hat man die Inselgruppe der Brijuni fest im Blick.

Info

Brioni Sunny Camping (ex Puntižela), Puntižela 155, 52107 Pula-Štinjan, www.camping-adriatic.com

SIGHTSEEING
Stadtbesichtigung Pula mit Amphitheater, römischem Forum und Kastellhügel; Aquarium Pula mit Meeresschildkröten-Rettungszentrum im Fort Verudela, aquarium.hr

ESSEN UND TRINKEN
Restaurant am Platz; Grill Bar Campo, Fortin ulica 21, 52100 Pula-Štinjan, Facebook: @Grill Bar Campo

ACTION UND AUSFLÜGE
Schiffsausflug zum Nationalpark Brijuni, www.np-brijuni.hr; Olivenöl-Shopping und Streetart-Fassadenbilder in Vodnjan

ANREISE
Nach dem Grenzübergang Dragonja/Plovanija die A 9 Richtung Pula bis Ausfahrt Vodnjan-Jug nehmen, auf der Straße D 21 Richtung Fažana/Brijuni fahren und zweimal rechts abbiegen

TOURISTENINFORMATION
www.pulainfo.hr

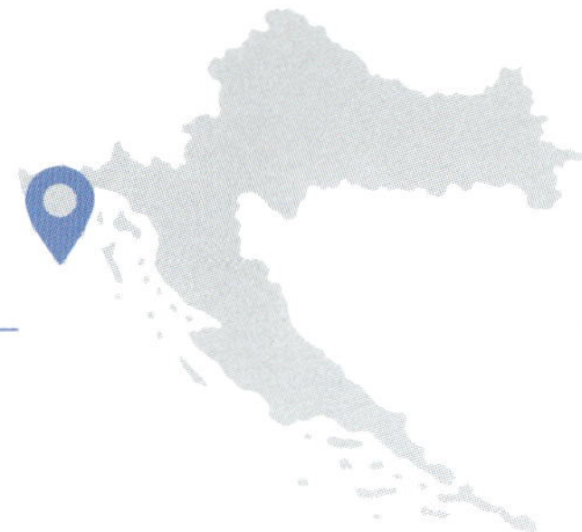

3 Zerklüftete Badebuchten am Kap Kamenjak

Istriens Südzipfel lockt mit der perfekten Welle

Klippenspringer, Felsbuchten, Sonnenuntergänge – und ein wunderbares Lüftchen, das die Segel beim Windsurfen strafft. Das erwartet Outdoor- und Wassersportfans auf diesem Campingplatz auf der Halbinsel Premantura ganz im Süden Istriens.

Es gibt Campingplätze, auf denen fühlt man sich mit dem Mini-Zelt eher wie ein Zwerg, umgeben von Motorriesen auf vier Rädern. An der Südspitze Istriens hingegen nicht. Im Pinienwald des riesigen Campingplatzes Arena Stupice werden Hammer, Heringe und Haken ausgepackt, und schon reiht man sich zwischen rote, graue oder grüne Zelte ein, neben denen die Surfsegel trocknen. Der bei Surfern beliebte Platz bietet vor allem am Vormittag gute Chancen für die perfekte Welle. Der Einstieg ist felsig, der Strand 2,5 Kilometer lang und durch Kiesbuchten aufgelockert, eine Windsurfstation gibt es dort auch.
Besonders fotogen präsentiert sich eine kleine Halbinsel auf dem Campingplatz, die wie ein Apfel am Stiel ins Meer hineinragt. Mit dem Wohnmobil

↗ Pirat auf Zeit: Das geht beispielsweise auf dem Aussichtsturm der Safari-Bar.
← Spektakuläre steile Klippen prägen das Kap.

parkt man dort kreisförmig nebeneinander – zwar mit Strom, Wasser und Abwasser, dafür jedoch in der prallen Sonne. Der Rest des Platzes ist allerdings weitgehend schattig, auch Mobilheime findet man in dem kleinen Wäldchen.

Sangria schlürfen im Schilf

Die Lage ist kaum zu toppen: Der Campingplatz der Arena-Gruppe erstreckt sich in der Bucht von Medulin, am Eingang in das Naturreservat Kap Kamenjak mit seinen zerklüfteten, unberührten Naturstränden. Am besten mit dem Mountainbike losstrampeln, dann spart man sich die Öko-Taxe, die mit Motor fällig wird. Und immer schön an der Küste entlang und die staubige, holprige Autopiste in der Mitte der Halbinsel meiden! Am Südzipfel lockt dann die legendäre Safari-Bar mit ihrem selbst gezimmerten Piratenturm, Rutsche, Schaukel und Karussell – alles aus Dingen, die das Meer angeschwemmt hat. Zwischen Schilf und Bambus wird hausgemachte Sangria getrunken, und unterhalb der Bar hüpfen Klippenspringer in der Kolumbarica-Bucht ins Wasser. Die Ostküste hinauf folgen weitere Felsbuchten und Badeplätze – ehe der Campingplatz wieder grüßt.

Info

Arena Stupice Kamp, Selo 250, 52100 Premantura, www.arenacampsites.com

ESSEN UND TRINKEN

Beach-Bar Safari Bar, an der Südspitze des Kap Kamenjak gelegen (Beschilderung); Restaurant Istarska Farma (Beschilderung, ca. 2,5 Kilometer südlich von Premantura auf Höhe des Strandes Polje), ebenfalls im Naturreservat

ACTION UND AUSFLÜGE

Naturreservat Kap Kamenjak (Donji Kamenjak) mit Dino-Lehrpfad; oberer Abschnitt Kamenjak (Gornji Kamenjak) mit Fossilientunnel, Kreuzweg und altösterreichischen Militärruinen

ANREISE

Ab Pula die Premanturska cesta in Richtung Premantura nehmen, in der Ortsmitte von Premantura links in die Straße Selo einbiegen und ca. 500 m weiterfahren

TOURISTENINFORMATION

www.kamenjak.hr

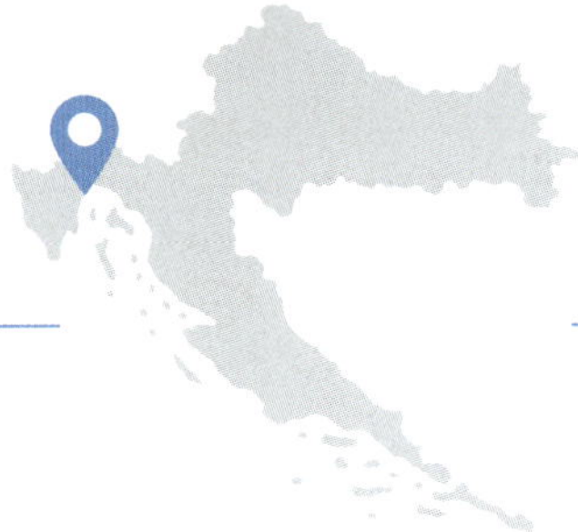

4 Villen, Berge und eine Seepromenade

Naturcamping an der nostalgischen Riviera von Opatija

Eine wunderbare Promenade mit Jugendstilvillen, die sich unter den gebirgigen Naturpark Učka duckt. Wer an der Riviera von Opatija campt, kann morgens eine Bergwanderung unternehmen und am Nachmittag im Meer baden.

Jugendstilvillen, blühende Parkanlagen und eine zwölf Kilometer lange Uferpromenade, der Lungomare, umsäumen das elegante Städtchen Opatija in der Kvarner-Bucht, westlich von Rijeka. Schon der Habsburger Adel spazierte hier entlang, die Sachertorte ließ man sich damals mit der Südbahn direkt aus Wien bringen. Klingt ganz schön mondän? Sicher gibt es mehr Nobelhotels an der Riviera von Opatija als anderswo, und Villen drängen sich dicht an dicht am Meer. Daher würde man an diesem Küstenabschnitt vermutlich eher keinen naturnahen, weitläufigen Campingplatz erwarten. Es gibt ihn jedoch! Wer keinen makellosen Platz mit Restaurant, Supermarkt und modernsten Sanitärräumen erwartet, sondern sich über die schöne grüne Natur und einen Münz-Kaffeeautomaten an der Rezeption freuen kann – der findet hier sein Camperglück. Kleiner Fitness-Trost: Der Weg zum Bäcker oder Supermarkt, beides außerhalb des Platzes, verbrennt ein paar Kalorien.
Der Campingplatz Opatija erstreckt sich südlich des namensgebenden Städtchens im Badeort Ičići. Das Gelände ist leicht geneigt, die Stellplätze sind jedoch weitgehend eben. Eine Schotterfläche finden die großen Reisemobile vor, ein reichlich grünes Wiesengelände gibt es für Zeltcamper und Co. Hier wurden jedoch keine Parzellen dicht an dicht mit dem Lineal gezogen, sondern jeder stellt sich einfach dorthin, wo es ihm gefällt. Je weiter oben man campt, desto ferner rückt das Grundrauschen der im Sommer stark befahrenen Küstenstraße.

Hinauf ins Učka-Gebirge

Um die kommt man allerdings nicht herum, wenn man ans Meer will: Ein paar Minuten geht es treppab, und erst dann ist man an den Badeplätzen von Ičići – zwar mit Kies und Beton, dafür mit praktischen Einstiegsleitern und Fast-Food-Imbiss. Allzu breite Strände darf man hier nirgendwo erwarten, denn direkt neben der Küste wächst das grüne Mittelgebirge Učka langsam, aber stetig, empor. Das schirmt die Kvarner-Bucht vor kühlen Winden ab und sorgt für recht milde Winter.
Vom benachbarten Villenort Lovran – geparkt wird am Hafen – führt ein langer, herausfordernder Treppenweg ins Učka-Gebirge hinauf, am Wochenende kann man aber auch den Bus nehmen. Alternativ fährt man die Straße bis zum Poklon-Pass oberhalb des Učka-Tunnels hinauf, der mit Besucherzentrum, Panoramablick und gutem Restaurant aufwartet. Von hier oben beginnt die kürzere Wandervariante auf den höchsten Punkt im Učka-Gebirge, den Vojak, mit altösterreichischem Gipfelturm. Die Aussicht auf die Kvarner-Bucht und die Inseln ist traumhaft!

↗ Kalksteinnadeln in der Vela-Draga-Schlucht
← Zeitlos elegant präsentiert sich Opatija.

Wilde, ruhige Ostküste Istriens

Wer vom Campingplatz nach Süden aufbricht, kommt über Lovran in die Badeorte Medveja und Mošćenička Draga mit den schönsten Kiesstränden der Region. Dort endet die Kvarner-Bucht, was nun südlich folgt, gehört verwaltungstechnisch zu Istrien. Allzu viele Orte sind es an der Ostküste der Halbinsel aber nicht, da diese im Gegensatz zur touristisch sehr gut erschlossenen Westküste viel ländlicher, weniger besiedelt und schroffer ist. Ein Roadtrip entlang der Straße D 66 lohnt jedoch, wenn man

↑ Labin an der Ostküste, mit Blick auf Rabac
→ Bei Mošćenička Draga verschmelzen Istrien und die Kvarner-Bucht.

in Richtung Süden und Pula will. Bei Brestova führt eine Stichstraße steil bergab – 20 Prozent Steigung, warnt ein Schild –, wo die Autofähre auf die Insel Cres übersetzt. Wer hingegen an der Ostküste Istriens bleibt, sollte einen Stopp auf dem großen Panoramaparkplatz des Hotels Flanona einlegen: Das thront spektakulär über der Steilküste, von hier hat man einen Blick auf die tief eingeschnittene Bucht von Plomin und die Insel Cres vis-à-vis. Das Urlauberzentrum der Ostküste Istriens ist hingegen der lebhafte Badeort Rabac – mit vielen Hotels, einer langen Uferpromenade mit Restaurants, Stränden und einer guten touristischen Infrastruktur. Oberhalb thront auf dem Berg das Schwesterstädtchen Labin. Beide Orte sind durch einen schattigen Wanderweg – oder ein Touristenbähnchen – miteinander verbunden. In Labin sprechen bunte Häuserfassaden, Treppengassen und Panoramablicke vom Altstadthügel für einen Besuch. Geparkt wird auf einem größeren Parkplatz unterhalb der Altstadt nahe der Durchgangsstraße. Ruhigere Badebuchten folgen auf der Halbinsel Koromačno oder weiter im Südosten bei Ližnjan – vorausgesetzt, man mag holprige Schotterpisten.

Tipp

Klassisches Camping mit Rucksack, Minizelt und der Eisenbahn? Geht ganz bequem: Der direkte Nachtzug von Stuttgart über Augsburg, München und Salzburg stoppt eine Haltestelle vor dem Zielbahnhof Rijeka in Opatija-Matulji. Dort warten Taxis, mit denen man rasch am Campingplatz Opatija ist. Den charmanten Bahnhof Matulji mit Blumengarten und Meerblick nutzte übrigens schon der k.u.k.-Adel. Damals warteten dort allerdings noch Pferdegespanne auf den Transport von Gästen, Koffern und frisch gebackener Sachertorte, die hier aus Wien angeliefert wurde. Buchung via www.oebb.at (Schlaf- und Sitzwagen); Cammeo Taxi (via App, www.cammeo.hr).

Info

Opatija Camping, Liburnijska 46, 51414 Ičići, www.rivijera-opatija.hr

SIGHTSEEING
Lungomare mit Jugendstilvillen in Opatija und Lovran; Park Angiolina in Opatija; Park Amerikanische Gärten in Opatija, www.parkovi-opatija.hr

ESSEN UND TRINKEN
Hafenrestaurant Lučica, Lučica bb, 51414 Ičići

ACTION UND AUSFLÜGE
Wanderungen im Naturpark des Učka-Gebirges (gut ausgeschildert); Bummel durch die Großstadt Rijeka (Linienbus 32)

ANREISE
Ab dem Grenzübergang Rupa Autobahn A 3 bis Matulji, Beschilderung Opatija/Lovran bis Ičići folgen, in der Ortsmitte in Richtung Veprinac hinauf abbiegen

TOURISTENINFORMATION
www.visitopatija.com

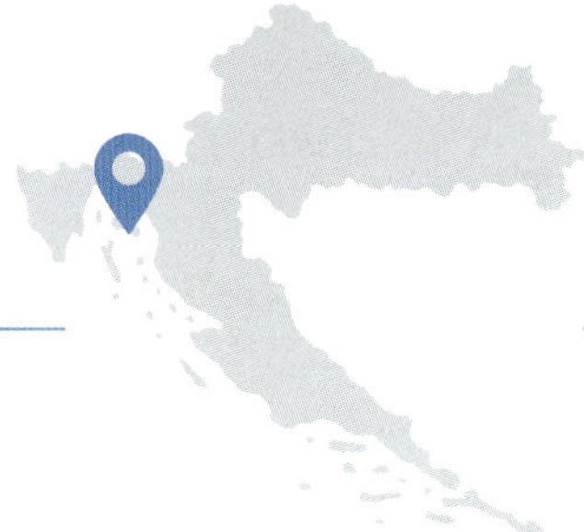

5 Stara Baška beglückt mit schönen Stränden

Mit oder ohne Badesachen in die Fluten eintauchen

Auf einem malerischen Felsplateau mit Meerblick aufwachen, sich einen Platz am Kiesstrand herauspicken und entscheiden, ob man mit oder ohne Badekleidung in die Fluten eintauchen will – dazu ist dieser Campingplatz im Südosten der Insel Krk ideal.

Dass die Insel Krk zur liebsten Badewanne vieler Urlauber aus Deutschland und Österreich zählt, verdankt sie nicht nur der Festlandbrücke – sondern ihren malerischen Städtchen und Badeplätzen. Die schönsten Buchten verstecken sich tief im bergigen Südosten der Insel, unterhalb der steil abfallenden Felshänge bei Stara Baška. Oberhalb der Küste windet sich eine Stichstraße an parkenden Autos und Motorrädern vorbei. Kurz vor Stara Baška, wo sich die Strecke hinabsenkt, kommt man ins Seufzen: was für eine schöne Lage! Der mittelgroße Campingplatz der Valamar-Gruppe, Škrila Sunny Camping, ragt dort auf einem Felsplateau in die Adria. Von den vorderen Parzellen und Mobilheimen führen ein paar Stufen zu einem weißen Mini-Strand hinunter, der von Felsen eingerahmt wird.

↗ Blick von der Stichstraße auf den Campingplatz
← Den Strand Vela plaža in Baška sollte man auf dem Schirm haben.

Sonnenuntergang auf dem Felsplateau

Das ist aber nur ein kleiner Ausschnitt, der sich auf den ersten Blick auftut. Die andere Hälfte des terrassenförmig angelegten Platzes versteckt sich in einem schattigen Wäldchen – direkt über dem 400 Meter langen Kiesstrand, der mit fotogenen Strohschirmen und Sonnenliegen aufgehübscht wurde. Wer mit dem Hund unterwegs ist oder hüllenlos baden möchte, bleibt in abgetrennten Bereichen unter sich. An der Strandbar, die mit Liegestühlen und XL-Loungekissen aufwartet, lässt es sich mit einem gekühlten Sundowner gut aushalten. Damit niemand hungrig bleibt, gibt es einen Brötchenservice, einen kleinen Laden und ein Restaurant. An hohen Grillkaminen trifft man sich, um gemeinsam ein paar Ćevapčići, Doraden oder Auberginen zuzubereiten. In den Nachtstunden, wenn die Badegäste aus den umliegenden Buchten wieder in die Ferienorte verschwunden sind, ist es sehr still – trotz der Straße. Dann erhebt sich nur die karge Mondlandschaft, die der berüchtigte Fallwind Bora glatt geschliffen hat, schützend hinter der Bucht.

Info

Škrila Sunny Camping, Stara Baška 300, 51521 Punat, Insel Krk, www.camping-adriatic.com

SIGHTSEEING

Klosterinsel Košljun in der Bucht von Punat (Anfahrt mit dem Wassertaxi)

ESSEN UND TRINKEN

Restaurant Mariana, Stara Baška 254, 51521 Punat, www.krk-mariana.com

ACTION UND AUSFLÜGE

Tropfsteinhöhle Špilja Biserujka, Rudine, www.spilja-biserujka.com.hr; Stadtbummel in Baška mit seinem 1,5 km langen Feinkiesstrand Vela plaža; Wanderweg »Put ka mjesecu« (Weg zum Mond) ab der Kirche Sv. Ivan in Baška; Schriftdenkmal »Tafel von Baška« in der Kirche Sv. Lucija in Jurandvor unweit von Baška

ANREISE

A7 bis Kraljevica, Auffahrt auf die Insel Krk. In Richtung Krk-Stadt und Baška halten, dann der D102 bis kurz vor Stara Baška folgen

TOURISTENINFORMATION

www.visitbaska.hr

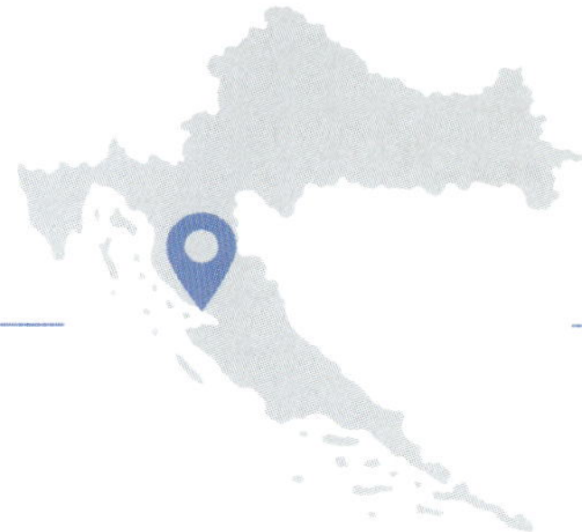

6 Mein Freund Häuptling Winnetou

Starigrad-Paklenica beherbergte den edlen Indianer

Die Riviera Paklenica ist die geeignete Basis für Outdoor-Touren in den Nationalpark Paklenica im südlichen Abschnitt des Velebit-Gebirges. Nicht nur Freikletterer pilgern hierher, auch Winnetou-Fans trifft man vor Ort.

»Würzig!« Das sagt sagt die Nase, sobald man sie an der Rampe des Campingplatzes Plantaža in Starigrad-Paklenica aus dem Wagenfenster steckt. Die Pinien am Hang, die die Stellplätze beschatten, sind hoch wie Leuchttürme und breiter als jeder Sonnenschirm. Zwischen ihnen führt ein Asphaltweg schnurgerade zum Meer hinunter. Pinien, so weit man schaut! Wer braucht da noch eine Klimaanlage?
Wer Glück hat, campt ganz unten, gleich neben dem kleinen Kies- und Betonstrand. Ein paar Liegestühle, eine Einstiegsleiter und das Meer – genug für eine *fjaka*, die dalmatinische Variante des süßen Nichtstuns. Das Rauschen der Adriamagistrale, die direkt oberhalb des Platzes verläuft, rückt hier unten in weite Ferne. Im Restaurant, auf halber Hanghöhe, kocht die Betreiberfamilie eine dalmatinische Nationalküche mit reichlich Fisch und Fleisch. Wer danach noch Platz für ein paar Chips oder Salzstangen hat, findet oberhalb des Areals einen Kiosk »für alle Fälle«. Auch bis zum nächsten Supermarkt, Bäcker und ins Zentrum von Starigrad-Paklenica ist es nicht weit.

↗ Campen in erster Reihe direkt am Meer!
↗ Freeclimber lieben die Velika-Paklenica-Schlucht im Velebit-Gebirgsmassiv.

Steile Hänge für Freikletterer

Genug gebadet? Ab in die Berge! Nach der Rampe am Eingang in den Nationalpark Paklenica, nur wenige Fahrminuten vom Campingplatz entfernt, führt ein Spazierweg durch die Eingangsschlucht Velika (»große«) Paklenica. An den steilen Felswänden hangeln sich viele Freikletterer entlang. Durch die raue Bergwelt des Nationalparks führen mehrere Wanderwege, ein zweiter Eingang liegt in der anspruchsvolleren Schlucht Mala (»kleine«) Paklenica. Nummeriert sind die Drehorte der »Winnetou«-

Verfilmungen aus den 1960er-Jahren. Wo damals das deutsch-jugoslawische Filmteam im Zentrum von Starigrad-Paklenica übernachtete, neben dem heutigen Hotel Bluesun Alan, hütet ein winziges »Winnetou«-Museum Kinoplakate und ein Original-Kanu. Ein Muss für Fans!

Info

Pansion-Kamp Plantaža, Put Plantaže 2, 23244 Starigrad-Paklenica, www.pansion-plantaza.com

SIGHTSEEING

Winnetou-Museum mit Originalrequisiten, Ulica dr. Franje Tuđmana 101, 23244 Starigrad-Paklenica (Hotel Bluesun Alan)

ESSEN UND TRINKEN

Restaurant am Platz; Restaurant Ethno-Haus Marasović, im Weiler Marasovići (vor der Zufahrt in die Schlucht Velika Paklenica)

ACTION UND AUSFLÜGE

Kletterkurse in der Schlucht Velika Paklenica; Wanderungen im Nationalpark Paklenica

ANREISE

Autobahn A1, Ausfahrt 15 – Maslenica nehmen, Küstenmagistrale D8 nach Norden bis Starigrad-Paklencia folgen, dann die Ortsmitte durchqueren bis zum Platz

TOURISTENINFORMATION

www.rivijera-paklenica.hr, www.np-paklenica.hr

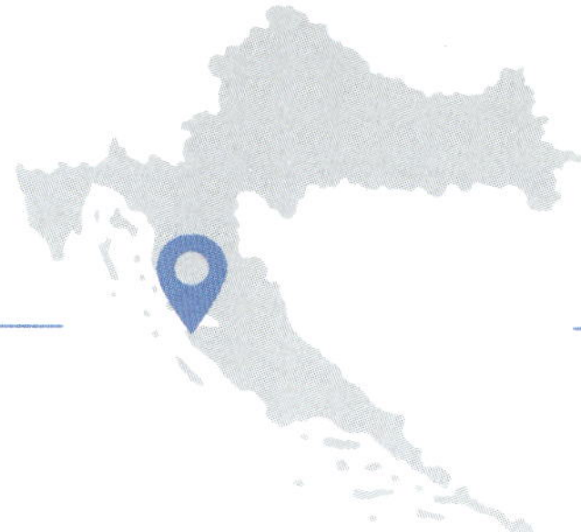

7 Sandburgen bauen bis zum Sonnenuntergang

Der Lieblingsstrand der Königin in Nin

Klassisches Camping wie früher? Mit endlosen Badetagen am Meer, an denen man sich abends hundemüde auf die Luftmatratze fallen lässt? Das geht in Nin in Norddalmatien. Die Sandstrände sind ein großer Abenteuerspielplatz, und Zadar liegt gleich ums Eck.

Schnörkellos ist dieser nicht allzu große Campingplatz, der sich oberhalb der seichten Sandlagune von Nin erstreckt: Animation? Rutschenspaß? Zaubershows? Das alles gibt es hier nicht, nur ein paar Spielgeräte. Dafür jedoch reichlich Platz auf der grünen Wiese, mit mediterranen Lavendelsträuchern und knorrigen Olivenbäumen, die auch Zeltcampern ausreichend Schatten spenden. Auf einer kleinen Anhöhe gelegen, das Velebit-Gebirge fest im Blick, weht hier immer ein laues Lüftchen vom Festland hinunter. Ideal, um T-Shirts oder Strandkleider zu trocknen, die man in der Waschmaschine im Sanitärgebäude sauber bekommt. Wer kein eigenes Domizil dabei hat, kann aus einer Handvoll Mobilheimen und Apartments wählen. Das war es dann aber schon mit Extras, denn für alles andere muss man den Campingplatz verlassen. Frische Brötchen, Supermarkt und Restaurants gibt es anderswo, auch das Meer grenzt nicht genau an den Platz – ist allerdings nur ein paar Minuten Fußweg entfernt.

Auf zum Königinnenstrand

Das Unterhaltungsprogramm übernimmt die Lagune von Nin, in der sich rekordverdächtige acht Kilometer Strände aneinanderreihen. Der berühmteste ist der drei Kilometer lange Königinnenstrand, Kraljičina plaža, mit feinstem Sand – eine Seltenheit in Kroatien. Der Legende nach war dies der Lieblingsstrand von Jelena, der Gattin des ersten kroatischen Königs Tomislav. So oft es ging, soll sie hier gebadet und den Peloid-Seeschlamm für ihre Schönheit genutzt haben, heißt es. Den Heilschlamm gibt es heute noch, und viele Badende schmieren sich damit für ein lustiges Urlaubs-Selfie ein.
Nach einem ausgedehnten Badetag wird der Grill angeworfen, den alle nutzen dürfen. Dann heißt es: einfach die Ruhe genießen, wenn sich nicht nur die

↗ Königlich schreitet man zu den traumhaften Sandstränden von Nin hinab.

Strände, sondern auch die Zufahrtswege in die Lagune geleert haben. Eine erfrischende Dusche – für Hunde gibt es eine eigene –, und der Tag neigt sich langsam dem Ende zu. Das Abendprogramm übernimmt dann der Sonnenuntergang über der Lagune, und für die funkelnde Zaubershow ist der nächtliche Sternenhimmel zuständig – mehr braucht es hier nicht. Alles ganz entspannt.

Wenn es doch ein wenig Sightseeing sein darf, bietet sich ein kurzer Spaziergang nach Nin an. Das 3000 Jahre alte Städtchen erstreckt sich auf einer winzigen Insel in der Lagune und ist durch zwei Brücken ans Festland angebunden. Kaum vorstellbar, aber Nin war im Mittelalter Königssitz, hier wurden sogar sieben Herrscher gekrönt. Auch die Bischöfe hatten hier ihr Zentrum, und so kommt es, dass die winzige Heilig-Kreuz-Kirche im Ortskern heute als die kleinste Kathedrale der Welt gilt. An die Altstadt grenzt die Saline von Nin an, die man besichtigen oder sich im kleinen Laden mit Meersalzprodukten eindecken kann. Etwa mit feinster Salzblüte, die auch die Camperküche verfeinert. Auf der Straße in Richtung Zaton und Zadar thront die ebenfalls sehr kleine Nikolauskirche (Sveti Nikola) auf einem Hügel – und gibt sich überaus fotogen.

Tipp

Urlaub mit Nina, Franka oder Elena? Wer es trubeliger mag, findet in der riesigen Ferienanlage Zaton Holiday Resort nicht nur Apartments mit wohlklingenden Frauennamen, sondern auch Mobilheime, Glamping-Zelte, Camper-Stellplätze und reichlich Action – von Bogenschießen und Reiten bis hin zu Musicals und einer der größten Discos der Umgebung. www.zaton.hr

Citytrip nach Zadar

Und wenn man schon mal unterwegs ist, sollte man nach Zadar! Die größte und lebhafteste Stadt Norddalmatiens erstreckt sich auf einer Landzunge. Stadttore führen hinein, das antike Pflaster zieht sich zum römischen Forum mit Säulenresten, vorbei an gut erhaltenen Kirchen. Mehrere Museen können einen Regentag retten, etwa das Museum der Illusionen, in dem sich alles rund um optische Täuschungen dreht. Experimentell gibt sich Zadar an der Uferpromenade: Wind und Wellen spielen dabei zusammen – und aus der Meeresorgel ertönt »naturgemachte« Musik. Die Installation ist ein beliebter Treffpunkt. Nur wenige Meter weiter erstreckt sich der »Gruß an die Sonne«: Eine kreisrunde Installation aus Solarlichtern, die nach Anbruch der Dunkelheit in unterschiedlichen Farben funkelt. Ein Bummel über die Široka ulica, Kalelarga genannt, mit ihren kleinen Geschäften, Cafés und Restaurants, rundet den Ausflug ab.

↗ Kirchen und Cafés – das gibt es in Zadar satt.
← Die Altstadt von Nin erstreckt sich auf einer winzigen Insel, zwei Brücken führen zum Festland.

Noch mehr Urlaubstage für Entdeckungstouren? Östlich von Nin führt eine Brücke auf die Insel Vir. Quer über das Eiland geht es zu den markanten Roten Felsen ganz im Nordosten. Auch mit dem Wohnmobil kommt man dorthin, Parkplätze gibt es ausreichend. Ein Spaziergang und ein paar Urlaubsfotos mit dem roten Gestein – das ist dort angesagt.

Info

Camping Nin, Put Venere Anzotike 41, 23232 Nin, www.campingnin.hr

SIGHTSEEING
Bummel durch Nin; Kirche Sv. Nikola bei Nin; Salzgärten Solana Nin, www.solananin.hr; Königinnenstrand Kraljičina plaža und Plaža Sabunike

ESSEN UND TRINKEN
Konoba Bepo, Dražnikova 76 t, 23232 Nin, www.konoba-bepo.hr; Konoba Branimir, Višeslavov trg 2, 23232 Nin, www.konoba-branimir.hr

ACTION UND AUSFLÜGE
Westernstadt Buffalo Bill City, Put Poljica 63, 23235 Vrsi, www.buffalobillcity.com; Kiteboarding am Strand Ždrijac, www.kiteboarding-croatia.com; Rote Felsen von Vir; Zadar mit römischem Forum, Stadtmauer, Kirchen und Palästen sowie einem Bauern- und Fischmarkt für Selbstversorger; Höhlenexkursion in der Modrićeva špilja, www.natura-jadera.com

ANREISE
Autobahn A1 bis Ausfahrt 17 – Zadar-I, Adriamagistrale D 8, vor Murvica auf die D 6011 abbiegen, bei Nin in Richtung Strände und dann links halten

TOURISTENINFORMATION
www.nin.hr

Passen wir eigentlich zusammen?

Zehn Tipps für die Suche nach dem richtigen Campingplatz

Mehrere Hundert Campingplätze gibt es in Kroatien, die meisten davon an der Adriaküste. Manche sind so basic, dass sie nicht mal eine eigene Webseite haben, andere lassen kaum einen Wunsch offen. Diese zehn Tipps können helfen, den passenden Wohlfühlplatz zu finden.

1. Wer fährt mit? Ob Single, Paar, Familie, FKK-Fan, Aktivsportler, Hundebesitzer – nicht jeder braucht einen Mini-Klub oder eine Tauchschule am Platz. Generell sind Kinder und Hunde (fast) überall willkommen!

2. Wie viel Zaubershow darf's denn sein? Meist gilt: Je größer der Platz, desto mehr Unterhaltung wird geboten. Mega-Campingstädte konzentrieren sich an der Westküste Istriens, vereinzelt auf den Kvarner-Inseln und in Norddalmatien. Wer es ruhiger mag, wird in Mittel- und Süddalmatien oder im Landesinneren eher fündig.

3. Welches Budget? Kroatien ist keine Billig-Destination, die Preise haben solides »Mittelmeer-Niveau«. Fünf Sterne bedeutet Premium-Liga, zum Schnäppchenpreis gibt es da nichts. Mobilheime sind im Juli und August recht teuer. Hinzu kommen »versteckte Kosten« für Kurtaxe, Liegestühle und schwimmende Aquaparks.

4. Welches Dach über dem Kopf? Mobilheime gibt es mittlerweile selbst auf Mini-Plätzen, im Trend liegen luxuriöse Glamping-Zelte (»GLAMouröses CamPING«). Auf dem FKK-Platz Valalta stehen auch Miet-Wohnwagen bereit. Ein Wohnmobil leiht man in Zagreb oder Split. Die günstigste Option ist Zelten, Dachzelte sieht man immer öfter.

5. Wann fahren? Im Juli und August sind gefühlt alle am Meer, die Strände rappelvoll. Wer es einrichten kann, nutzt besser die Vor- und Nachsaison! Nur wenige Plätze sind ganzjährig geöffnet: In Istrien ist meist schon Anfang Oktober Schluss, in Dalmatien vier Wochen später.

6. Reservieren? Ja! Mobilheime ganzjährig, Stellplätze zumindest in der Hauptsaison, rät der Kroatische Campingverband (www.camping.hr). Ebenfalls sehr begehrt: Parzellen in der ersten Reihe!

7. Land und Leute kennenlernen? Dann lieber in einem »OK Mini-Camp« absteigen, wie der Kroatische Campingverband kleine Plätze bis 200 Gäste kategorisiert. Aufgrund der geringeren Belegung haben die Betreiber meist mehr Zeit für ihre Gäste.

8. Grünes Gewissen? »Ecocamping« ist eine Initiative, die Siegel an nachhaltig wirtschaftende Campingplätze vergibt (www.ecocamps.de). Das Öko-Label »Blaue Flagge« weht derzeit an rund 100 kroatischen Stränden (www.blueflag.global).

9. Ohne Kleidung campen? Wer zweifelt, ob FKK das Richtige ist, sollte erst mal einen »gemischten« Platz mit Textil- und FKK-Zone ansteuern.

10. Das Internet nutzen! Bewertungen helfen, sich auf eine laute Disco in der Nachbarbucht einzustellen – oder eben auch nicht. Hilfreich ist auch Google Maps: Abgelegene Buchten sind zwar romantisch, aber bisweilen bieten sie keine Wege am Ufer entlang.

↑ Entschleunigen ohne viel Schnickschnack, etwa auf Hvar bei Plage Cachée Glamping
↖ Entspannung? Geht nicht nur am Meer, sondern auch in den Therme Tuhelj.

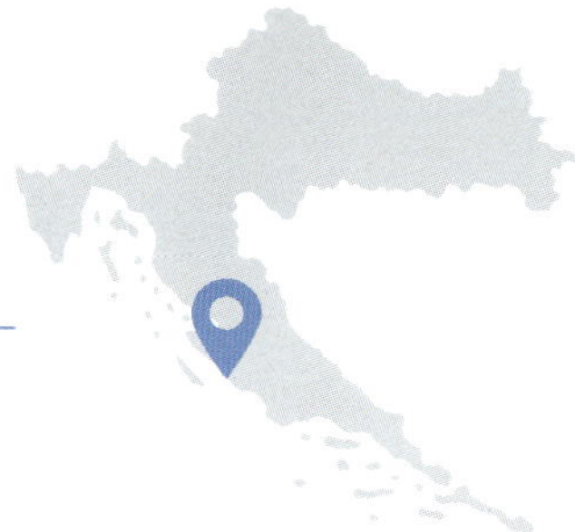

8 Alle Vögel sind schon da

Am Vransko jezero mit Kormoranen campen

Nur ein schmaler Landstrich trennt den größten kroatischen Natursee Vransko jezero von der Adria. Gecampt wird am schattigen Seeufer, direkt neben einem Vogelschutzgebiet – in dem Silberreiher, Kormorane und Rohrdommeln rasten.

Was für ein Ausblick! Spiegelglatt breitet sich der Vrana-See aus und wirkt vom Ufer des Campingplatzes Crkvine Vransko jezero wie eine große Meeresbucht, die im Norden von sanft ansteigenden Hügeln eingerahmt wird. Überall haben sich Vögel niedergelassen: Wasserhühner, Purpurreiher, Sumpfhühner und viele andere. Mehr als 260 gefiederte Arten wurden hier schon gesichtet, vor allem im Frühjahr und Herbst dient der Naturpark Vransko jezero als wichtiges Rast- und Nistgebiet.
In erster Reihe am Ufer kann man aus Mobilheimen mit unverstelltem Seeblick oder Premium-Parzellen mit Anschlüssen für Wasser, Strom und Abwasser wählen. Die übrigen Standplätze erstrecken sich in einem schattigen, ebenen Pinienwäldchen. Wadenhohe Natursteinmauern trennen die Parzellen voneinander ab. Im Mini-Market kann man sich für die Abendstunden am Gemeinschaftsgrill eindecken, alternativ probiert man das Restaurant am Platz aus. In den modernen Sanitärräumen plätschert dezente Hintergrundmusik, überhaupt wirkt die Anlage insgesamt sehr gepflegt.

Einen Sundowner am See genießen

Das mit dem Schwimmen im See ist so eine Sache. Kaum läuft man ins kühle Nass, wird Schlick aufgewirbelt, der das Wasser trübt – wie das an einem Natursee nun mal so ist. Für jüngere Kinder ist die Wassertiefe am Ufer wunderbar seicht, da man erst mal ein paar Meter hineinlaufen muss, ehe man schwimmen kann. Für Abwechslung vom Planschen sorgen eine Schaukel und Rutsche am Ufer. Direkt nebenan erholen sich die Großen in einer kleinen Strandbar mit Liegestühlen und Strohschirmen – ein perfekter Ort, um die Sonnenuntergänge am See zu genießen.

↗ Vom Aussichtspunkt Kamenjak hat man den Vrana-See und das Meer im Blick.

Die Lage des idyllischen, ruhigen Campingplatzes ist schon etwas Besonderes: An einem Süßwassersee, aber nur einen etwas größeren Steinwurf vom Meer entfernt. Das ist ein Unikum! Wer die Adria mit ihren Restaurants, Stränden und dem Sommertrubel nicht missen möchte, es aber auf dem Campingplatz gerne ruhiger mag, ist hier gut aufgehoben. Meerbaden geht im drei Kilometer entfernten Badeort Pakoštane. Am besten kommt man mit dem Auto oder dem Fahrrad dorthin, denn die Straße teilen sich Fußgänger und Fahrzeuge, allerdings ohne getrennten Gehweg. Dafür sind es vom Campingplatz aus nur wenige Fußminuten nach Nordwesten bis ins Herz des Naturparks: Am Besucherzentrum Crkvine, einem von drei Eingängen, wird der Eintritt fällig, dann ist man mitten im Vogelschutzreservat. Holzbohlenwege führen durch Schilf und Binsen, die das Ufer in diesem Abschnitt säumen. Wer mag, leiht sich ein Fernglas, um Reiher und Co. besser in Augenschein nehmen zu können. Geführte Vogelbeobachtungstouren können gebucht werden.

Tipp

Ein gut 40 Kilometer langer Radweg umrundet den Vrana-See. Streckenweise geht es bergauf, richtig schattig ist es nie. Auf der höchsten Erhebung, dem Aussichtspunkt Kamenjak mit Besucherzentrum, schaut man auf den See und das Meer zugleich! In einer dalmatinischen Konoba kann man sich mit Käse, Wein und Schinken stärken. Wer nicht radeln will, gelangt auch mit dem Auto hinauf.

Süßes und salziges Wasser vermengen sich

Wer seine Angel ins Wasser hängen mag, braucht einen Angelschein – den man in einem der Besucherzentren erwerben kann. Allerdings darf damit nicht überall gefischt werden: Im Vogelschutzgebiet selbst sind die Fische nämlich den Vögeln vorbehalten, die hier einen reich gedeckten Tisch vorfinden. Im See leben Salzwasserfische und Süßwasserfische wie Aale, Karpfen, Welse oder Hechte gemeinsam nebeneinander. Wie das geht? Beim südlichsten Besucherzentrum, Prosika, unweit des Badeortes Pirovac, wurde bereits vor 250 Jahren ein Kanal ausgehoben. Der verbindet den See mit der Adria, wodurch sich Süß- und Salzwasser vermischen. Aufgrund mehrerer Zuflüsse ist der See jedoch nur leicht salzhaltig – dadurch fühlen sich so viele verschiedene Fischarten wohl. Auch am Eingang Prosika gibt es einen Vogelbeobachtungsturm und einen winzigen Hafen, in dem Holzboote schaukeln. Boote, Fahrräder und Kajaks können hier ebenso wie an den anderen Eingängen oder am Campingplatz selbst gemietet werden – auf diese Weise kann man den See auch aus einer anderen Perspektive erleben.

↑ Ein Kajak gibt es direkt am Platz.
↗ An der Rezeption wird man nett empfangen.
← Gut beschirmt am Seeufer

Info

Camp Vransko jezero Crkvine, Crkvine 2, 23111 Pakoštane, www.vranalake.hr

SIGHTSEEING
Heritage-Hotel Maškovića Han in einer türkischen Karawanserei mit Mini-Museum und Festungsruine Gradina, www.maskovicahan.hr

ESSEN UND TRINKEN
Restaurant am Platz; Weinprobe in der Vinarija Karaba, Benkovačka 11, 23211 Pakoštane; Konoba Pakoštanac, Ulica kralice Jelene, 22211 Pakoštane

ACTION UND AUSFLÜGE
Besucherzentren Crkvine, Kamenjak und Prosika am See; Freizeitpark Fun Park Biograd, www.funparkbiograd.com; Tagesausflug in den Naturpark Telašćica mit Salzsee auf der Insel Dugi otok

ANREISE
Autobahn A1 bis Ausfahrt 19 – Benkovac, Beschilderung in Richtung Pakoštane und Vransko jezero auf der Küstenmagistrale D 8 folgen

TOURISTENINFORMATION
www.pp-vransko-jezero.hr

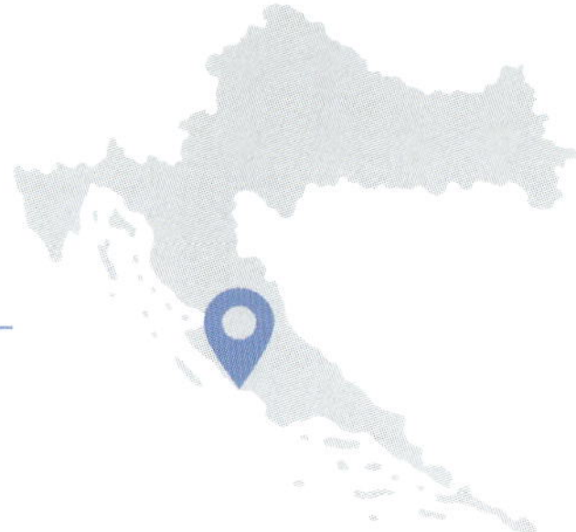

9 Das Zirpen der Zikaden auf Murter

Bootsbesitzer werfen in Jezera die Leinen los

Die Insel Murter in Norddalmatien kennt man als Sprungbrett für Ausflüge in den Nationalpark Kornati, aber auch für gute Fischlokale. Den unkomplizierten Campingplatz bei Jezera, einem der vier Inselorte, schätzen nicht nur Bootskapitäne.

Groß bedeutet wuselig? Auf dem Campingplatz Jezera Village nicht unbedingt. Groß sind auf alle Fälle die Fotoplakate: Schon bei der Auffahrt auf die Insel Murter, über die Klappbrücke bei Tisno, kann man sie kaum übersehen. Das Navi kann daher getrost aus bleiben, denn nach nur wenigen Fahrminuten zweigt die Inselstraße – kurz nach dem namensgebenden Ort Jezera – rechter Hand ab, und schon wird man an der Rezeption freundlich begrüßt. Die ganze Anlage schmiegt sich terrassenförmig in die lang gestreckte und windgeschützte Lovišće-Bucht und schaut direkt aufs Festland nach Tisno hinüber. Knorrige, haushohe Pinien ziehen sich den Hang hinunter und verströmen einen wunderbar würzigen Duft. In ihren Baumkronen verstecken sich Abertausende von Zikaden, die um die Wette zirpen – ein echtes mediterranes Orchester! Weiter oben wachsen Olivenbäume und Steineichen, dort gruppieren sich moderne Mobilheime, und eine Apartmentanlage am Hang erweitert das Areal zu einem Feriendorf.

↑ Skipper können ihr Boot direkt beim Campingplatz vertäuen.
↙ Mit ein wenig Glück campt man direkt am Strand.

Sich selbst einen schönen Platz suchen

Manche Stellplätze auf dem Campingplatz sind uneben, andere nicht – da hilft nur ausprobieren. Das darf man hier auch. Was der eine Camper mag, findet der andere hingegen weniger gut: Es herrscht nämlich freie Platzwahl! Eigentlich eine feine und unkomplizierte Sache, wenn man nicht gerade Nachbarn erwischt, die einen etwas anderen Begriff von Anrecht an Raum haben. Weiter unten mündet der Campingplatz mit einer Natursteinmauer an den Uferweg, an den sich ein seichter Kiesstrand anschließt, der ideal für Kinder ist. Andere Abschnitte, etwa die Mole, sind aus Beton gegossen. Am Strand gibt es Duschen, die von den Tagesgästen – die hier Eintritt zahlen – mitbenutzt werden. Im Sommer gibt es Animation, ebenso begeistert eine schwimmende Wasserlandschaft die Kinder. Zur Ferienanlage gehören außerdem ein kleiner Spielplatz, Sportanlagen für Tennis, Tischtennis, Basketball und Minigolf, ein Restaurant, eine Pizzeria, eine Bäckerei und ein Supermarkt. Abwasser kann am Platz ebenfalls entsorgt werden, die Camper-Toilettenkassetten befinden sich in der Nähe zweier Sanitärblocks. Abends spielen lokale Musikgruppen im Restaurant, allerdings nicht bis spät in die Nacht – also alles recht entspannt.
Der Campingplatz ist bei Bootsbesitzern sehr beliebt, denn unterhalb der Stellplätze, direkt in der Bucht, sind Anleger, Slipstelle und Wasseranschlüsse vorhanden. Im Sommer steht einmal pro Woche ein technischer Service zur Verfügung, der Fragen rund um die Bootsmechanik beantwortet. Die meisten Skipper hier verbindet ein Lieblingsziel: Die Insel Murter gilt als Sprungbrett zum Nationalpark

Im Sommer öffnen die Wirte ihre Restaurants in versteckten Buchten auf den Kornaten.

Kornati (Kornaten) mit seinen 89 kleineren felsigen Inseln, Eilanden und Riffen. Diese sind größtenteils unbewohnt. Im Sommer weiden hier jedoch Schafe, die Bewohner von Murter bestellen ihre Grundstücke, und Gastwirte öffnen ihre Fischrestaurants in den versteckten Buchten, um dort Segelcrews zu verköstigen. Wer nicht mit dem eigenen Boot unterwegs ist, bucht einfach einen Tagesausflug: Der kürzeste Weg durch die Kornaten beginnt in Murter-Stadt, aber auch ab Jezera und den Küstenorten auf dem Festland, etwa Biograd na moru, werden Touren angeboten. Meist ist ein »Fischpicknick« mit an Bord, und auch ein Badeaufenthalt ist vorgesehen, beispielsweise auf der vorgelagerten Insel Zlarin.

Flache Boote für die Lasten

Wer die Insel Murter entdecken will, braucht hingegen kein Boot: Die Umgebung rund um den Campingplatz lädt zu ausgedehnten Spaziergängen ein. Immer am Wasser entlang erreicht man 20 Minuten später den Ort Tisno, der halb auf der Insel, halb auf dem Festland liegt. Eine Brücke verbindet die beiden Viertel miteinander. Etwa genauso weit ist die Siedlung Jezera entfernt, mit ihrer großen Marina, die Nautiker für ihre 200 Liegeplätze schätzen. In beiden Orten lässt es sich gemütlich bummeln, Espresso schlürfen oder in einem Restaurant einkehren. Die größte Stadt der Insel, Murter, ist für ihre Fischlokale bekannt. Jahrhundertelang lebte die örtliche Bevölkerung vom Fischfang. Am dortigen Hauptplatz lassen sich ein paar Souvenirs kaufen und Jachten gucken. Gemütlich ist auch der kleine Inselort Betina, in dem sich ein eigenes Museum den typischen flachen Gajeta-Booten, mit denen früher Lasten zu den Kornati-Inseln transportiert wurden, widmet.

→ **Ein wenig Spaß darf sein – allzu trubelig geht es auf dem schön gelegenen Campingplatz dennoch nicht zu.**

Info

Camping Jezera Village, Uvala Lovišća, 22242 Jezera, Insel Murter, www.jezeravillage.com

SIGHTSEEING
Spaziergang zum aufgeschütteten Inselchen Murterić, nach Tisno oder Jezera

ESSEN UND TRINKEN
Restaurant am Platz; Konoba Berekin, Obala Svetog Ivana 13, 22242 Jezera, www.instagram.com/konoba_berekin; Kult-Fischrestaurant Tic Tac, Hrokešina 5, 22243 Murter-Stadt, www.tictac-murter.com

ACTION UND AUSFLÜGE
Mit der Bimmelbahn zum Bummeln nach Murter-Stadt (Juli/August); Museum für Holzschiffbau, Vladimira Nazora 7, 22244 Betina, www.mbdb.hr

ANREISE
Autobahn A1, Ausfahrt 21 – Pirovac/NP Kornati nehmen, dann der Straße D 59 bis Jezera auf die Insel Murter folgen; Hebezeiten der Brücke bei Tisno: im Sommer täglich jeweils um 9 und 17 Uhr für 30 Minuten

TOURISTENINFORMATION
www.tzjezera.hr,
www.np-kornati.hr

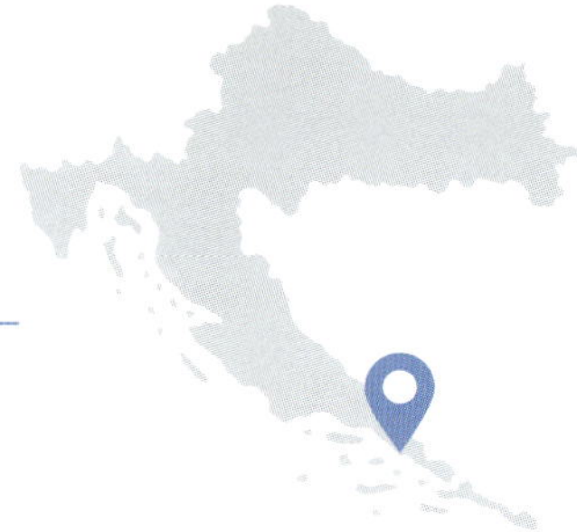

10 Mittendrin in Mitteldalmatien

Camping am weißen Kiesstrand von Zaostrog

Gut einhundert Schritte dürften es bis zum Strand sein, doppelt so viele bis zum Supermarkt: In Zaostrog campt man nicht nur mitten im Geschehen, sondern auch mit Blick auf Berge und Meer zugleich – an der Riviera von Makarska in Mitteldalmatien.

Zaostrog ist herrlich unaufgeregt. Der Ort gehört nicht zu jenen, die ständig in Hochglanzbroschüren auftauchen und auf »Top-10-Listen« gehypt werden. 300 Einwohner, ein paar Eisdielen, Restaurants, Privatzimmer und ein schmaler, dafür aber langer und weißer Kiesstrand. Ein Badeort wie viele andere in Dalmatien, der sich nicht in den Vordergrund drängt. Der Campingplatz Viter passt genau in dieses Bild. Er ist gepflegt, naturbelassen und ist mit 120 Stellplätzen schön überschaubar. Fährt man die Uferstraße entlang, die unterhalb der Adriamagistrale verläuft, taucht er unvermittelt am Fahrbahnrand auf. Mit einer Steinmauer umgürtet, ohne allzu große Plakate, mitten im Ort – was eher selten ist für Campingplätze. Ebenso freundlich und zurückhaltend, aber herzlich ist die Begrüßung an der Rezeption.

← Dieser Strand wartet auf der anderen Straßenseite.
↗ Camping unter Oliven mit Bergblick

Ein kegelförmiger Berg als Ausblick

Einen Stellplatz darf man sich selbst aussuchen. Im Sommer ist allerdings viel los – wie überall an der Makarska Riviera, denn der Küstenabschnitt gehört zu den schönsten in Dalmatien. Besser geeignet ist die Nebensaison mit Sonnenbaden im Oktober! Wer mit dem Zelt unterwegs ist, findet ein wunderbar schattiges Plätzchen unter Bäumen mit dichter Krone, etwas versetzt hinter dem blitzblanken Sanitärgebäude. Alternativ kann man Heringe, Stangen und Plane auch ganz hinten am Zaun auspacken, wo es noch ein wenig ruhiger ist. Alle anderen campen auf der leicht geneigten Wiese unter Olivenbäumen, Eichen und Lorbeerbüschen, die wunderbar mediterran wirken. Alle Stellplätze haben Strom. Hunger? Frisches Obst und Gemüse gibt es im Sommer am Platz, ein kleiner Supermarkt ist fast nebenan. Der namensgebende Berg Viter, der sich wie ein Kegel markant im Hintergrund abzeichnet, sorgt für ein schönes Panorama und muss unbedingt mit aufs Foto!

Beim Rundgang durch den Badeort dann die Überraschung: ein kleines Franziskanerkloster gleich ums Eck, mit Laubengang, wertvoller Bibliothek, Museum, Galerie und einem blühenden Obst- und Gemüsegarten. Am Vormittag und Abend kann man wunderbar in diese Welt der Stille eintauchen, in der auch Pilger in ehemaligen Mönchszellen unterkommen – und stellt fest, dass Zaostrog eigentlich doch ganz schön aufregend ist!

Info

Kamp Viter, A.K. Miošića 1, 21334 Zaostrog, www.camp-viter.com

SIGHTSEEING

Franziskanerkloster Zaostrog, Obala hrvatskih domoljuba 36, 21334 Zaostrog, www.samostan-zaostrog.com

ESSEN UND TRINKEN

Fischrestaurant Bracera, D 8 Nr. 15 (Uferpromenade), 21334 Zaostrog; Eisdiele und Konditorei Đani II, Obala hrvatskih domoljuba 18, 21334 Zaostrog

ACTION UND AUSFLÜGE

Wanderung auf den Berg Viter; Wasserski- oder Jetski-Fahren am Strand von Zaostrog; Stadtbummel in Makarska mit der Halbinsel Sveti Petar; Wandern im Biokovo-Gebirge, www.pp-biokovo.hr; Tagesausflug in die Herzegowina zu den Kravica-Wasserfällen, nach Mostar mit der Alten Brücke Stari most oder in den Wallfahrtsort Međugorje

ANREISE

Autobahn A1 bis Ausfahrt 29 – Zagvozd, durch einen Tunnel zur Küstenmagistrale D 8 bis Zaostrog, dort ans Meer hinunter

TOURISTENINFORMATION

www.dalmatia.hr/de/reiseziele/riviera-von-makarska

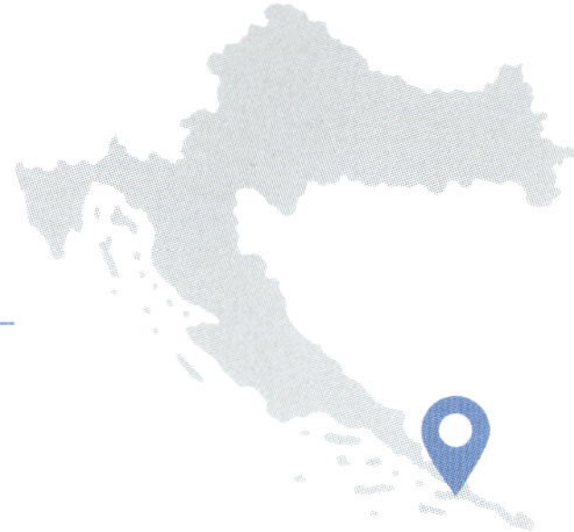

11 Campen mit Rotwein und Austern

Die Halbinsel Pelješac lockt Feinschmecker

Die gebirgige, lang gestreckte Halbinsel Pelješac ist Genießern wohlbekannt: Rotwein und Austern sind ihr Aushängeschild, aber auch eine Mega-Brücke und die längste Verteidigungsmauer Europas. Gecampt wird in einer abgeschotteten Bucht mit Meerblick.

Wie ein lang ausgestreckter Arm ragt die süddalmatinische Halbinsel Pelješac ins Meer hinein und begleitet die Festlandküste eine ganze Weile. Dadurch wirkt sie wie eine Insel. Ganz so abgeschottet wie noch vor wenigen Jahren ist die Landzunge allerdings nicht mehr, denn seit 2022 spannt sich hier eine 2,3 Kilometer lange, makellose Schrägseilbrücke über das Meer. Zu teuer, zu groß, zu weit: Lange Zeit wurde über die hohen Kosten gewettert, und nach den ersten Spatenstichen lag das Mega-Projekt erst mal ein paar Jahre auf Eis. Dass der Pelješki most dennoch gebaut wurde, verdankt er einer kräftigen Finanzspritze der Europäischen Union. Ein chinesisches Konsortium bekam den Zuschlag für den Bau – erneute Kritik, da ja EU-Gelder flossen –, aber zumindest ist die Brücke nun fertig, mitsamt neuen Zufahrtsstraßen. Der Hauptgrund für die Errichtung der kostspieligen Trasse: Sie umgeht den Korridor von Neum, der zu Bosnien-Herzegowina gehört, und – Stichwort Grenzkontrollen – in der Hauptsaison im Sommer für lange Staus gesorgt hatte. Nun ist Dubrovnik durchgängig auf kroatischem Staatsgebiet erreichbar, und in wenigen Jahren soll auch die Autobahn bis nach Süddalmatien fertig sein. Folgt man nach dem Neretva-Delta bei Ploče der Brücke und der Straße nach Süden, kommt man an vorzüglichen Weingütern mit dunklen, schweren Rotweinen vorbei – etwa der Primitivo-Verwandten Plavac Mali. Im Dörfchen Putniković informiert Kroatiens erstes Weinmuseum, wieso die felsigen, kargen Böden der Halbinsel so intensive Rotweine hervorbringen. Nur so viel sei verraten: Der perfekte Neigungswinkel in Kombination mit südlicher Sonne und dem Meer, das die Strahlung reflektiert – dieses Zusammenspiel macht vorzügliche Rotweine möglich. Kurz vor dem Festland und am Camping-

↗ Sonnenverwöhnt sind die Rebstöcke auf der Halbinsel im Süden Kroatiens.

platz vorbei, kommt noch ein Highlight: Treppauf, treppab spannt sich die mit fünf Kilometern längste Verteidigungsmauer Europas zwischen Ston und Mali Ston über den Berg, gekrönt von 40 Türmchen und Bastionen. Sie sollte in früherer Zeit die Salinen schützen, die die Republik Dubrovnik einst reich machten. Wie Salz gewonnen wird, kann man in den Salinen von Ston heute noch erfahren.

Tipp

Auf der Suche nach der perfekten Welle? Viganj und Kučiste, westlich des Kapitänsstädtchens Orebić, heißen die Top-Locations, die Kite- und Windsurfer aus ganz Europa ansteuern. Rund um Orebić gibt es mehrere Campingplätze, auf denen sich Wassersportler treffen. Und der Blick fällt auf die malerische Insel Korčula vis-à-vis.

Kurvenreich geht's in die Bucht hinunter

Der Schatz der Bucht zwischen Mali Ston und Festland sind Austern: Die Meerestiere gedeihen in dem Brackwasser – also dort, wo Süß- und Salzwasser zusammenfließen – besonders gut. Im kleinen Hafen von Mali Ston haben sich eine Handvoll Restaurants angesiedelt, die für frische Austern und Muscheln bekannt sind, auch in Ston gibt es die Spezialität.
Ein ruhiger Standort, um Ston – aber auch die übrige Halbinsel – zu entdecken, ist der Campingplatz an der Uvala Prapratno. Die schmale Bucht säumen hohe Steilfelsen gegenüber von Ston auf der Meerseite. Wer auf die grüne Nationalparkinsel Mljet übersetzen will, kennt die Bucht. Und wer hier auf dem mittelgroßen Campingplatz Prapratno campt, ist morgens einer der Ersten auf der Fähre – oder am Strand. Doch dazu muss man erst einmal hinunterkommen, was zwar auch mit Wohnmobil machbar, aber sehr kurvenreich ist. In der Siedlung Prapratno wird die Zufahrtsstraße entlang der Häuser etwas schmal, bei Gegenverkehr muss rangiert werden. Dafür wird man mit einem schönen, weitläufigen und naturnahen Platz belohnt: Viele knorrige Olivenbäume spenden Schatten, und gecampt wird auf der grünen Wiese – ob man nun mit Zelt oder Wohnmobil unterwegs ist. Größtenteils ist alles eben, einige Stellplätze wurden terrassenförmig angelegt. Zum Strand mit Feinkies-Sand-Gemisch muss man ein paar Meter hinunterlaufen, auch Tagesgäste mögen diesen Badeort. Auf dem Campingplatz gibt es drei Sanitärgebäude, Abwasserentsorgung und einen Mini-Market.

Die Sonne verschwindet hinterm Berg

Und da selten alles perfekt ist: Abends geht die Sonne hier schon recht früh hinter dem Berg unter – das merkt man vor allem in der Nebensaison. Wer

↗ Roh oder frittiert – Austern auf Pelješac kommen frisch aus dem Wasser.
← Gecampt wird hier in einer Bucht.

mit dem Hund unterwegs ist, sollte wissen, dass Vierbeiner am Platz zwar willkommen sind, allerdings leider nicht am Strand, und dass der Platz in einer Bucht liegt, also ohne weite Gassi-Wege am Ufer entlang. Wer allerdings neue Badeplätze entdecken will und vor Ort mobil ist, findet entlang der rauen Südküste traumhafte Badebuchten. Bei Dunkelheit sollte man vorsichtig fahren, da es viele Schakale auf der Halbinsel gibt, die auch schon mal die Hauptstraße überqueren!

Info

Autocamp Prapratno, Uvala Prapratno, 20230 Ston, www.camping-prapratno.com

SIGHTSEEING
Verteidigungsmauer von Ston, https://dpds.hr/walls-of-ston; Saline von Ston (Solana Ston), www.solanaston.hr; Bischofspalast in Veliki Ston mit Lapidarium, www.lapidarij-ston.com

ESSEN UND TRINKEN
Konoba Baća od 1878, Placa 1, 20230 Ston, www.konoba-baca-ston.com; Konoba Bakus, B. Angeli Radovani, 20230 Ston, www.bakus.hr

ACTION UND AUSFLÜGE
Bummel durch Orebić mit kleinem Schifffahrtsmuseum, www.muzej-orebic.hr, oder Aufstieg auf den Berg Sveti Ilija (961 m); Verkostung des Rotweins Plavac Mali bei einem Winzer in Trstenik, Potomje oder Ponikve, z. B. Vinarija Marlais, www.marlais-vinarija.hr; Weinmuseum Muzej vinarstva, Putniković 14, 20248, Putniković

ANREISE
Ab Ploče der Küstenmagistrale D 8 folgen, weiter über die Brücke Pelješki most über die Straße D 414 in Richtung Dubrovnik, 2 km vor Ston in Richtung Fähre/Prapatno rechter Hand abbiegen und den Berg hinunter in die Bucht

TOURISTENINFORMATION
www.ston.hr

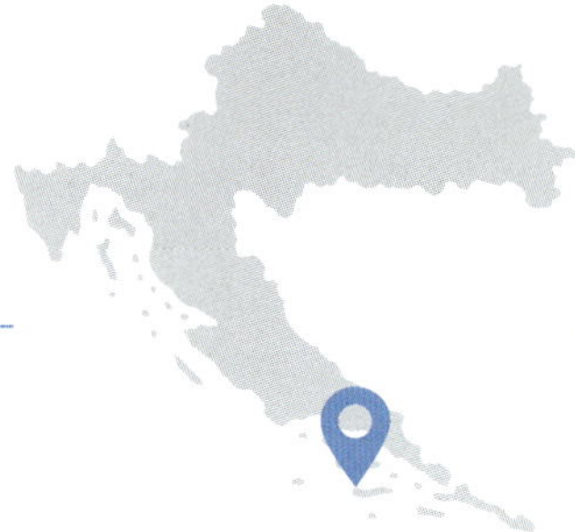

12 Im Reich der Mandelbäume

Auf Korčula findet jeder seine Badebucht

Morgens unter Oliven, Feigen und Mandelbäumen aufwachen, das Meer in der Ferne erspähen und eine wunderbare Abgeschiedenheit – das erwartet Camper auf Korčula, einer der schönsten Inseln im Süden Dalmatiens.

Ist das noch der richtige Weg, oder wird gleich ein Olivenbauer schimpfen, weil man gerade mitten durch seinen privaten Hain fährt? Rund sechs Kilometer schlängelt sich die schmale, holprige Piste westlich von Vela Luka (»Großer Hafen«) durch die grüne Insellandschaft und an Trockensteinmauern vorbei. Dass man dennoch richtig abgebogen ist, wird klar, wenn das hölzerne Willkommen-Schild mit der Aufschrift »Camp Mindel« an der Einfahrt auftaucht. Der kleinere Campingplatz begrüßt seine Besucher mit einer Vielzahl von Oliven-, Feigen- und Mandelbäumen (*mindel* = Mandel, im Inseldialekt). Die Lage auf einer Anhöhe ist wirklich zauberhaft: Hier oben weht meist ein angenehmes Lüftchen, und das Meer zeichnet sich in der Ferne ab. Um an schöne Badebuchten mit Kies und Felsplatten zu gelangen, für die Korčula bekannt ist, ist ein Viertelstündchen Fußweg erforderlich.
Wer nicht selbst Besorgungen machen möchte – vor Ort gibt es weder einen Laden noch ein Restaurant –, kann der freundlichen Betreiberfamilie seinen Einkaufszettel mitgeben. Frischer Fisch oder Brötchen kommen so ganz bequem zum Stellplatz.

Früher gab es weder Wasser noch Strom

Der Platz hat rund 40 Jahre Familientradition und eine nette Geschichte. Ein Zeltcamper bat damals um Erlaubnis, sein Domizil auf dem privaten Olivenhain aufschlagen zu dürfen – da ihm der Platz so gut gefiel und es keinen Campingplatz in der Umgebung gab. So wurde die Idee geboren, hier eben einen zu errichten. Lange gab es weder Strom noch Wasser. Heute loggt man sich mit dem Laptop ins kostenlose WLAN ein und dreht das Wasser aus der Zisterne in der Campingplatzdusche auf kalt oder warm. Vela Luka lohnt einen Spaziergang an der Hafenpromena-

→ Im Westen der Insel schmiegt sich Vela Luka in eine malerische Bucht.

de. Dort legen die Fähren nach Split oder Dubrovnik ab. Wer eine Rundreise macht, setzt am anderen Inselende auf die Halbinsel Pelješac über. Zuvor kommt man noch an Korčula-Stadt vorbei, mit verwinkelten Gassen, Wehrmauer, Kathedrale, Säbeltanz-Tradition und dem vermeintlichen Geburtshaus des China-Reisenden Marco Polo, das gerade blitzblank restauriert wurde und auf Besucher wartet.

Info

Camp Mindel, Stani 192, 20270 Vela Luka, Insel Korčula, www.mindel.hr

SIGHTSEEING

Bummel durch Vela Luka; Besichtigung der Höhle Vela špilja

ESSEN UND TRINKEN

Agrotourizam Konoba Gulin, Stani, 20270 Vela Luka (200 m vom Campingplatz); Konoba Feral, Obala 2 bb, 20270 Vela Luka

ACTION UND AUSFLÜGE

Mit dem Taxiboot ab Vela Luka auf die Insel Proizd; vier MTB-Fahrradrouten rund um Vela Luka; Altstadtbummel in Korčula-Stadt; Blato mit 1 km langer Lindenallee und privatem Ethno-Museum Barilo, www.korcula-barilo.com

ANREISE

Autofähre ab Split oder Anreise über Pelješac (Autofähre Orebić–Dominče, Inselstraße bis Vela Luka); ab Vela Luka Hafen, die Uferstraße Obala 2 nach Westen, Beschilderung (Zelt/Autocamp) oder Navi

TOURISTENINFORMATION

www.velaluka.hr

13 Übers Meer nach Dubrovnik schippern

Ganz entschleunigt unterwegs in Süddalmatien

Dubrovnik gilt als die »Perle der Adria«: Die von einer Wehrmauer umgürtete Altstadt ragt weit ins Meer hinein und wirkt wie gemalt. Wer auf dem familiären Campingplatz Kate absteigt, kommt entspannt zum Sightseeing – ganz ohne Parkplatzsuche.

Waren das jetzt 164 Stufen? Oder vielleicht doch ein paar mehr? Auf alle Fälle geht es vom recht kleinen, angenehmen Campingplatz Kate erst mal ganz schön treppab, bis man schließlich an der Uferpromenade des Badeörtchens Mlini angekommen ist. Da muss man hin, wenn man ganz entspannt zur Stadtbesichtigung nach Dubrovnik will – denn im Sommer legen hier mehrmals täglich Linienboote ab. Fahrkarten kann man schon vorab an der Rezeption des Campingplatzes besorgen, was die ganze Sache noch entspannter macht. Ein halbes Stündchen lang ziehen die Wellen vorbei, ehe man im Altstadthafen von Dubrovnik aussteigt. Ganz entschleunigend und ohne nervenaufreibende Suche nach einem Parkplatz, den es im Sommer hier ohnehin nicht gibt. Und falls man doch einen findet, etwa im städtischen Parkhaus in der Zagrebačka ulica, fragt man sich spätestens beim Blick auf den Kassenautomaten, wieso man eigentlich nicht gleich das Linienboot genommen hat – das zudem noch direkt in der Altstadt ankert. Eine Alternative ist der Regionalbus, der zwischen Dubrovnik und Cavtat verkehrt und in Mlini einen Stopp einlegt.

Die mächtige Wehrmauer ist ein Muss

Wer sich Dubrovnik vom Meer her nähert, sieht zunächst die beeindruckende Verteidigungsmauer – die ein Muss für jeden Besucher ist. Fast zwei Kilometer lang, begehbar und mit atemberaubendem Blick auf die Altstadt und das Meer. Mit ihren Türmchen, Bastionen und Festungen sollte sie früher Angreifer vom Meer abwehren – heute empfängt sie ganzjährig unzählige Urlauber. Zum Verteidigungssystem gehört auch die Festung Lovrijenac westlich des Pile-Stadttors, die auf einem 37 Meter hohen Felsen thront. Seit die beliebte US-Fantasy-

→ Die Stadt einnehmen? Das ist Angreifern bei diesen mächtigen Wehrmauern nie gelungen.

Serie »Game of Thrones« dort gedreht wurde, pilgern noch mehr Besucher als sonst hierher. Ohnehin ist man in Dubrovnik nie allein. Zwischen Mai und Oktober schiebt man sich hier, Ellenbogen an Ellenbogen, durch die zwar traumhaft schöne, aber recht kompakte Altstadt, die aus allen Nähten platzt. Der Stradun, die Hauptstraße mit kleinen Läden, Restaurants und Cafés, ist gerade mal 300 Meter lang – und an manchen Tagen so gut besucht, dass man das blank polierte Steinpflaster vor lauter Füßen nicht erkennt. Das gilt umso mehr, wenn sich zu den vielen Tagestouristen noch Kreuzfahrtpassagiere gesellen. Wer ein wenig entspannter durch die Altstadt bummeln möchte, kommt am besten ganz früh morgens oder am Abend. Und selbst am Nachmittag ist es ein wenig angenehmer, da die Kreuzfahrtschiffe – die Zahl wurde schon auf zwei pro Tag begrenzt! – wieder ablegen. Kleiner Bonus: Die Stadtmauer ist am Abend stimmungsvoll beleuchtet. Eine Seilbahnfahrt auf den Hausberg Srđ sollte drin sein. Oben erinnert eine Ausstellung an den Kroatienkrieg (1991–1995), als Dubrovnik von hier oben belagert und beschossen wurde. Der Abstieg hinunter ist spektakulär, da man die Altstadt vor schöner Meereskulisse fest im Blick hat. Recht neu ist das Museumsticket: Neun Museen in Dubrovnik können damit innerhalb von sieben Tagen besichtigt werden, der Preis dafür ist überschaubar.

Tipp

Wenn man schon mal so tief im Süden Kroatiens ist, lohnt die Weiterfahrt ins Nachbarland Montenegro. Einfach immer der Adriamagistrale folgen! Traumhaft schön ist die UNESCO-gekrönte, fjordartige Bucht von Kotor, die von grünen Steilwänden eingerahmt wird. Malerisch zeigt sich das befestigte Städtchen Kotor! Infos unter www.montenegro.travel.

Erholung vom trubeligen Stadtbummel

Vom trubeligen Sightseeing kann man sich auf dem Campingplatz Kate dann prima erholen. Der ist nämlich recht klein, familiär und schön grün. Alte Zypressen spenden Schatten, und Immergrün sorgt für erfrischende Farbtupfer vor dem Hintergrund bleicher, karger Berge. Grün ist auch der Untergrund, gecampt wird nämlich größtenteils auf Gras. Je nach Jahreszeit wachsen hier Kakis, Mandarinen oder Granatäpfel. Wer einen der unteren Plätze bucht – der Platz ist terrassenförmig angelegt –, hört das Grundrauschen der Adriamagistrale nicht so intensiv. Auf dem Platz steigen viele Camper ab, die auf dem Weg von oder nach Süden sind – denn bis nach Montenegro ist es nur wenige Kilometer. Der Flughafen Dubrovnik ist ebenfalls nicht weit entfernt, das sollte man vielleicht noch wissen.
Wer länger bleibt, könnte einen Abstecher nach Cavtat einplanen, gut 15 Kilometer südlich. Das geht auch prima mit dem gleichen Linienboot, das nach Dubrovnik verkehrt – nur eben in die Gegenrichtung. Cavtat ist ein gemütliches Städtchen mit Uferpromenade, guten Restaurants, holprigen Gassen und einem Mausoleum auf einer bewaldeten Halb-

↗ Der barocke Stradun ist die Hauptstraße in der Altstadt von Dubrovnik.
← Früher Fischerboot, heute Fotomotiv

insel, das der bedeutendste kroatische Bildhauer des 20. Jahrhunderts, Ivan Mestrović, geschaffen hat. Wer mit dem Campingfahrzeug oder Auto unterwegs ist: Von Cavtat ist es nicht mehr weit ins Konavle-Tal, einem schmalen Landstrich zwischen Meer und Bosnien-Herzegowina, mit hübsch restaurierter Falkenburg. Oder zum südlichsten Landzipfel, Prevlaka, mit altösterreichischer Festung – über eine schmale Schotterpiste, mit Blick nach Montenegro. Südlicher kommt man in Kroatien nicht!

Info

Camping Kate, Vrelo 23, 20207 Mlini, www.campingkate.com

SIGHTSEEING

Stadtbummel in Dubrovnik mit Wehrmauer, www.dpds.hr; Seilbahn auf den Srđ, www.dubrovnikcablecar.com; Kombikarte für neun Museen in Dubrovnik, www.dubrovnikpass.com

ESSEN UND TRINKEN

Restaurant Flamingo, Vrelo 6 a, 20207 Mlini, www.flamingo.com.hr; Konoba Lanterna, Šetalište Marka Marojice 30, 20207 Mlini, www.lanterna-mlini.hr

ACTION UND AUSFLÜGE

Bootsausflug ab Dubrovnik-Altstadthafen auf die Insel Lokrum mit Klosterruine und botanischem Garten; Bummel durch Cavtat mit Mausoleum Račić; Konavle-Tal mit Festung Sokol grad in Dunave; Halbinsel Prevlaka mit k.u.k.-Festung an der Südspitze Kroatiens

ANREISE

Am Autobahnende der A1 bei Ploče der Küstenstraße über die Halbinsel Pelješac und Ston folgen, Dubrovnik in Richtung Cavtat umfahren, in Mlini Beschilderung, direkt an der Adriamagistrale

TOURISTENINFORMATION

www.dubrovnik-riviera.hr, www.visitdubrovnik.hr

Geschicklichkeitstraining auf einer kleinen Badeinsel? So geht Kinderbetreuung auf dem Premium-Platz in Funtana.

Wohlfühlplätze für Familien

Eine Nacht im Zelt oder Campingfahrzeug, dazu das monotone Zirpen der Zikaden: Gibt es ein größeres Abenteuer für Kids? Abgerundet wird das Campingglück mit Piratenpartys am Pool oder Freiluftkino unter dem Sternenhimmel – Familien mit Kindern können auf kroatischen Campingplätzen viel erleben!

Mal genügt schon ein knallgrüner Grashüpfer auf dem Zeltdach, um zum Naturentdecker zu werden. Ein andermal fasziniert ein Gecko, der flink in einer Trockenmauer verschwindet. Stundenlang kann sich der Nachwuchs in der Adria tummeln und mit Schnorchelbrille nach Krebsen in Felsritzen Ausschau halten. Für unverfälschte Naturabenteuer, die man so schnell nicht vergisst, braucht es nicht viel, und Kroatien ist ein echtes Outdoor-Paradies für die ganze Familie. Doch nicht immer reicht das, was ohnehin schon da ist. Manchmal müssen es zum ganz großen Kinderglück einfach ein paar Buntstifte, bunte Wasserrutschen, Piratenschiffe oder Videospiel-Lounges für Teenager sein. In Kroatien gehört Kinderanimation, zumindest im Juli und August, auf größeren Plätzen zum Standard. Und selbst auf dem kleinsten Platz gibt es eine Schaukel oder ein Wipptier – auf alle Fälle aber jede Menge Grashüpfer und Geckos.

14 Die Campingstadt am Meer

In Umag kommen kleine Seeräuber groß raus

Wasser, marsch! Mit Piratenschiff, Zaubershows und jeder Menge Badespaß gehört der Camping Park Umag zu den Mega-Plätzen im Land. Das Angebot an Action und Animation ist so vielfältig, dass es weder den Großen noch den Kleinen langweilig werden dürfte.

Diese Zahl muss man erst mal auf sich wirken lassen: 170 Fußballfelder. So groß ist der Camping Park Umag an der Nordwestküste Istriens. Aufgedröselt sind das 120 Hektar, rund 2000 Parzellen, fast 900 Mobilheime und Glamping-Zelte. Wo Platz für gut 9000 Freiluftfans ist, wird viel geboten – vor allem für Familien. Mit den Kleinen wird gebastelt, gebaut und getanzt, auch zu Zeiten, zu denen zu Hause längst schon der Pyjama zum Reinschlüpfen warten würde. Schon die Kleinsten knüpfen hier Kontakte, sei es im Mini-Klub oder auf dem Piratenschiff im Pool. Da zischt und spritzt das Wasser in alle Richtungen. »Kurz mal in den Supermarkt nebenan gehen« kann hier rasch zum vormittagfüllenden Programm ausufern, da sich die – vermutlich meisten – Aller-

↗ Die Pfarrkirche in Umags Altstadt
↗ Das Piratenschiff am Platz ist Kult!
← Bunte Regenschirme in Novigrad

kleinsten erst mal ausgiebig im Seeräuberdasein ausprobieren wollen. Nicht selten dürfte das mit Plan B zum Mittagessenkochen enden – nämlich der Einkehr in die Snackbar Capitain Hook nebenan.

Von Aufschlag bis Zumba – alles da

Noch mehr Action? Die wird in einem recht neu angelegten Poolabschnitt mit Liegen, Sonnensegeln und Sand geliefert. Im Meer hingegen kann sich der Nachwuchs auf einem aufblasbaren Aquapark auspowern – bis Mama und Papa das Münzgeld dafür ausgeht. Die Größeren verbringen die Zeit mit Schnorcheln. Das geht am fast zwei Kilometer langen Kies- und Felsstrand in der Anlage prima. Das Sportprogramm ist breit gefächert: Es reicht von A wie Aufschlag (beim Tennisspiel) bis Z wie Zumba, aber auch Tauchen, Surfen und Rudern sind möglich. Sollte sich versehentlich jemand verletzen, kümmert sich eine Ambulanz am Platz darum. Also alles da? Dennoch lohnt sich der Ausflug in die neun Kilometer entfernte kroatische »Tennishauptstadt« Umag, die für ihr internationales Turnier ATP Croatia Open im Juli bekannt ist, aber auch eine mediterrane Altstadt mit Uferpromenade bietet. Genauso weit ist es im Süden nach Novigrad: verwinkelte Gassen, über denen farbenfrohe Regenschirme »schweben«, eine fotogene Loggia am Meer und gute Restaurants, in denen frische Seezunge aus der Mirna-Mündung serviert wird. Ein E-Bike, das man am Platz leihen kann, verkürzt den Weg.

Info

Camping Park Umag, Ladin gaj 132a, 52470 Umag-Karigador, www.istracamping.com

SIGHTSEEING
Ehemaliges Benediktinerkloster Dajla; Tropfsteinhöhle Špilja Mramornica, Stancija Drušković 20, 52474 Brtonigla, www.agroturizamsterle.hr

ESSEN UND TRINKEN
Restaurants am Platz; Belveder Dajla, Belveder 51, 52466 Novigrad-Dajla

ACTION UND AUSFLÜGE
Aquapark Istralandia mit Rutschenspaß, www.istralandia.hr; Stadtbummel in Umag mit Uferpromenade, Pfarrkirche und Glockenturm; Besuch von Novigrad mit Rigo-Palais, Lapidarium, Stadthafen Mandrač, Stadtloggia und k.u.k.-Marinemuseum Gallerion, www.kuk-marine-museum.eu

ANREISE
Ab dem Grenzübergang Dragonja/Plovanija der A 9 folgen, Ausfahrt 2 – Buie/Buje nehmen, auf der Straße D 5002 (D 75) bis Karigador

TOURISTENINFORMATION
www.coloursofistria.com

15 Histrier auf Zeit in Funtana

Robinson Crusoe hätte sich hier wohlgefühlt

Kaum einen Wunsch offen lässt dieser Fünf-Sterne-Platz an Istriens Westküste: Rutschenspaß im Pool, ein Burger-Caravan und Survivaltraining auf einem Inselchen sorgen für Abwechslung vom Strandleben. Beim Sightseeing wird sogar Casanova lebendig.

Das Meer direkt vor der Haustür! Eine Game Lounge für Teenager! Minigolf mit leuchtenden Bällen in der Dunkelheit! Das klingt verheißungsvoll. Genau das Richtige für Familien mit Kindern, die Spaß, Abwechslung und ein zugkräftiges Anti-Langeweile-Programm suchen. Ergänzt wird das Angebot um Pools mit Wasserrutschen und anderthalb Kilometer Strand. Das alles gibt es auf dem Fünf-Sterne-Platz Istra Premium Camping Resort in Funtana.

Beim Animationsprogramm geht es in die Natur: Stadt- und Landkinder schleppen beim Überlebenstraining auf der Mini-Insel Školjić, die mit einer Brücke ans Festland angebunden ist, allerlei Material an, um daraus Schutzhütten zu errichten. Dabei schlüpfen sie in die Rolle der Histrier, wie die Ur-Bewohner der Halbinsel Istrien hießen. Abends ist Kino angesagt: Statt vor einem wackeligem Beamer mit verpixelter Auflösung chillt man hier in einem Atrium auf bunten Sitzsäcken und mit gutem Sound. Beim Minigolf wird ein wenig Landeskunde aufgeschnappt: Jede Station bildet eine Sehenswürdigkeit oder ein geschichtliches Ereignis Istriens ab.

Casanova war auch schon mal da

Das Gärtnereiteam schnippelt und gießt eifrig, damit die gepflegte Anlage so grün bleibt. Neben Parzellen, Mobilheimen und Glamping-Zelten gibt es auch Premiumvillen mit Privatpool, die allerdings – Sie ahnen es – kein Schnäppchen sind. Auch Hundebesitzer hat die Valamar-Gruppe, die den Platz betreibt, nicht vergessen: Auf sie warten eigene Standplätze, ein eigener Abschnitt am Strand sowie ein Willkommens-Leckerli. Die zentrale Piazza mit Delikatessenläden, Burger-Caravan, Kiosk, stylishen Restaurants und Bars versprüht südliche Leichtigkeit.

↗ Das Glamping-Zelt ist schon da – und sieht ziemlich gemütlich aus.

Zum Sightseeing geht es nach Vrsar, das als »Casanovas Stadt« bekannt ist. Der berühmteste Liebhaber der Weltgeschichte erwähnte Vrsar in seinen Memoiren. In den Sommermonaten schlüpfen Stadtführer in historische Kostüme und lotsen Besucher auf Casanovas Spuren über den verwinkelten Altstadthügel. Unterhalb erstrecken sich Uferpromenade, Jachthafen und die Halbinsel Montraker – mit verlassenem Steinbruch und Skulpturen, die Bildhauer hier geschaffen haben.

Info

Istra Premium Camping Resort, Grgeti 35, 52452 Funtana, www.camping-adriatic.com

SIGHTSEEING

Bummel durch das Hügelstädtchen Vrsar mit Blick auf 18 kleine Inselchen; der verlassene Steinbruch auf der Halbinsel Montraker, in den im Sommer eine Schule für Bildhauerei einzieht; Dusan-Džamonija-Skulpturenpark, Valkanela 5, 52450 Vrsar

ESSEN UND TRINKEN

Restaurants am Platz; Austern-Imbisshütte Tony's Oyster Shack beim Parkplatz am Limski kanal; mehrere Restaurants mit Spanferkel in Kloštar und Flengi, z. B. Konoba Sidro, Flengi 24, 52450 Flengi, https://konoba-sidro.eatbu.com

ACTION UND AUSFLÜGE

Wasserpark Aquacolors, Molindrio 18, 52440 Poreč, www.aquacolors.eu; Show- und Themenpark Dinopark Funtana, Istarska ulica 16, 52452 Funtana, www.dinopark.hr

ANREISE

Ab dem Grenzübergang Dragonja/Plovanija Plovanija der A 9 folgen, bei Baderna auf die Straße D 302 fahren, am Kreisverkehr vor Poreč in Richtung Pula/Funtana, dann der Beschilderung folgen

TOURISTENINFORMATION

www.infovrsar.com

16 Frühschoppen ohne Lederhosen

Am Lim-Kanal bei Rovinj wird hüllenlos gecampt

Der FKK-Campingplatz Valalta an der Westküste Istriens gehört zu den größten seiner Art in Europa. Die 120 Hektar große Anlage hat viel zu bieten – vom FKK-Hafen bis zur eigenen Brauerei. Auch Familien campen hier gerne hüllenlos.

Wir sind auf dem Campingplatz angekommen und haben festgestellt, dass hier alle ohne Kleidung herumlaufen«, lautete sinngemäß ein Tweet, den eine Nutzerin über den Kurznachrichtendienst Twitter verschickt hatte. Ungläubige Reaktionen. Schon bald stellte sich heraus, dass die Twitter-Nutzerin einen »Naturist«-Campingplatz gebucht hatte, den sie für »besonders naturnah« hielt – und nicht für einen Ort, an dem Freikörperkultur (FKK) praktiziert wird.

Fakt ist, dass sich viele Neueinsteiger erst einmal an das Ablegen der Kleidung beim »Naturizam« gewöhnen müssen. Manche steigen auf »gemischten« Plätzen mit Textilzonen ein, wieder andere kommen gleich hierher. Wer einmal Gefallen an dieser ungezwungenen Lebensart gefunden hat, bleibt nicht selten dabei. Auch der FKK-Campingplatz Valalta, nördlich von Rovinj, hat treue Stammgäste – darunter auch viele Familien. Kinder und Jugendliche werden mit Animation, auch auf Deutsch, bei Laune gehalten, aber auch mit mehreren Spielplätzen, einer Fußballschule und Aquaparks im Meer. Im Jahr 1968, seinerzeit noch im ehemaligen Jugoslawien, kamen die ersten Gäste mit Zelt und Wohnwagen hierher. Seither wurde eine Menge investiert: Überall finden sich Liegen und Sonnenschirme, an Outdoor-Fitnessgeräten wird trainiert, und eine Joggingstrecke führt durch die riesige Anlage, die sich über 120 Hektar erstreckt. Später kamen Mobilheime hinzu, die Apartments und Waschhäuser wurden modernisiert. Ein eigener FKK-Jachthafen, der sich für große und kleine Boote eignet, ergänzt das Angebot. Sogar eine eigene Mikrobrauerei gibt es, die jeden Sonntagmorgen einen »Frühschoppen« veranstaltet. Hüllenlos gecampt wird überall, allerdings gehören der Supermarkt und die Restaurants zu den Textilzonen.

→ Der Lim-Kanal ist ein langer Meeresarm, der sich tief in die Westküste Istriens schiebt.

Am Lim-Kanal sieht man sogar Delfine

Gebadet wird am vier Kilometer langen Kiesstrand, an der Mündung des Lim-Kanal (Limski kanal) in die Adria. Dieser Meeresarm, der wie ein grüner Fjord mit Steilhängen wirkt, zieht sich elf Kilometer ins Landesinnere Istriens hinein. Süß- und Salzwasser vermengen sich hier, ideale Bedingungen für Muschel- und Austernbänke – die hier frisch geerntet werden. Ein besonderes Erlebnis ist das Hineinpaddeln mit dem Kajak oder Standup-Paddling-Brett. Bei Sonnenuntergang kann man an der Mündung des Lim-Kanals in die Adria bisweilen sogar Delfine erspähen – verschiedene Ausflüge werden auch vom Campingplatz organisiert.

Der Nachbarplatz Val Saline – mit Sprühpark, Wellnessräumen und viel Komfort – ist gleich nebenan. Er wurde erst vor wenigen Jahren vom FKK-Platz Valalta »abgezwackt«. Ein Zaun trennt die beiden Anlagen, und wer hinüberwill, muss den offiziellen Weg über die Rezeption nehmen. Eine Sache verbindet beide Plätze allerdings: Tiere sind hier nicht willkommen, auch angeleinte Hunde nicht – was eine Ausnahme auf kroatischen Campingplätzen ist. *Naturizam* hat in Kroatien eine lange Tradition. Auf der Insel Rab, die als »Wiege des FKK« gilt, gab es schon 1934 einen textilfreien Strand. Geschichte schrieb dort der englische Thronfolger Edward VIII., der 1936 mit seiner späteren Gattin Wallis Simpson vor Rab ankerte und bei den Behörden eine Genehmigung zum Nacktbaden beantragte. Der wurde stattgegeben, und das Paar tauchte hüllenlos in die Fluten der Adria ein. Als der Massentourismus im sozialistischen Jugoslawien Einzug hielt, kamen auch die ersten FKK-Campingplätze auf. Als »Großmutter« gilt der 1961 gegründete Platz Koversada nördlich des Lim-Kanals, der gut 5000 Gäste beherbergen kann. Ganz in der Nähe befinden sich weitere FKK-Plätze wie Solaris und Ulika, ebenfalls zwischen Poreč und Rovinj gelegen.

Tipp

Istrien ist ein Paradies für Feinschmecker: Probieren sollte man das vorzügliche Olivenöl, den Rohschinken *pršut*, autochthone Weinsorten wie den roten Teran und den weißen Malvazija, frische Austern aus dem Lim-Kanal und Trüffeln aus dem Mirna-Tal. Auf Trüffeljagd geht es mit ausgebildeten Hunden, die den aromatischen Edelpilz in der Erde aufstöbern, z. B. mit Karlić Tartufi, www.karlictartufi.hr.

Sich in Rovinjs Gassengewirr verlieren

Auch wenn der Mikrokosmos Valalta alles bietet, was man so braucht: auf nach Rovinj! Das schönste Städtchen Istriens erstreckt sich nur sieben Kilometer südlich an der Adria, und der Bus fährt von Mai

↗ Schönste Lage auf einer tropfenförmigen Landzunge: die Altstadt von Rovinj
← Trüffel-Liebhaber werden begeistert sein!

bis September direkt vor dem Campingplatz ab. In Rovinj drängen sich bunte Häuser in holprigen Gassen auf einer felsigen Halbinsel, die ins Meer hineinragt. Das Gassengewirr windet sich nach oben bis zum höchsten Punkt der Stadt, wo die Kirche der hl. Euphemia (Sv. Eufemija) thront. Von hier oben fällt der Blick auf die ziegelroten Häuser, aber auch auf die winzigen vorgelagerten Inseln. In der Künstlergasse Grisia reihen sich Manufakturen, kleine Geschäfte und Galerien aneinander, die Kunsthandwerk, Schuhe oder Handtaschen im Sortiment haben – alles handgemacht. Auf den Altstadtfelsen am Wasser schlürft man Cocktails an winzigen Tischen und lässt den Tag ganz entspannt ausklingen.

Info

Naturistički kamp Valalta, Cesta za Valaltu–Lim 7, 52210 Rovinj, www.valalta.hr

SIGHTSEEING

Aussichtsturm Valalta; Altstadtbummel in Rovinj

ESSEN UND TRINKEN

Restaurants am Platz; Austern-Imbisshütte Tony's Oyster Shack beim Parkplatz am Lim-Kanal; Konoba Nada, Monsena 7b, 52210 Rovinj-Monsena, www.facebook.com/KonobaNada

ACTION UND AUSFLÜGE

Ruinenstadt Dvigrad bei Kanfanar; Bronzezeit-Siedlung Monkodonija bei Rovinj; Vogelschutzreservat Palud bei Rovinj; Bummel durch das Städtchen Bale mit seinen Palästen und Kirchen; Delfin-Beobachtungstour im Lim-Kanal

ANREISE

Ab dem Grenzübergang Dragonja/Plovanija der A 9 in Richtung Rovinj folgen, 1 km vor Rovinj rechts abbiegen, der Beschilderung folgen

TOURISTENINFORMATION

www.rovinj-tourism.com

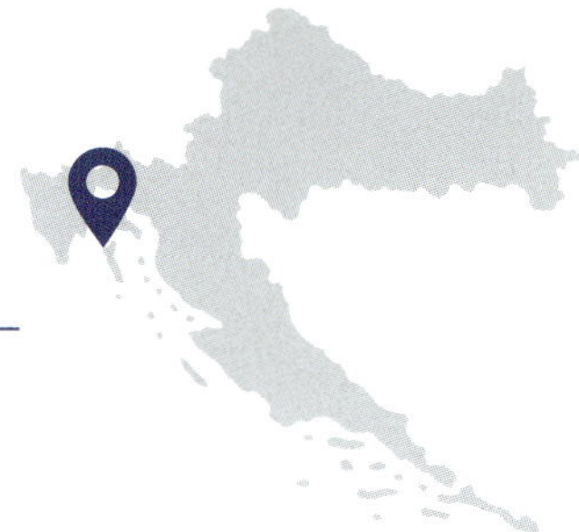

17 Unter Geiern auf der Insel Cres

Wildromantisches Eiland mit reichlich Macchia

Mit ein wenig Glück kann man auf der Insel Cres einen Gänsegeier erspähen, der gerade seine Runden dreht. Angelockt werden die selten gewordenen Aasgeier durch die vielen Schafe, die auf dieser ursprünglichen Kvarner-Insel grasen.

Schroff und felsig präsentiert sich das dünn besiedelte Cres – stellenweise auch bewaldet, auf alle Fälle sehr ursprünglich. Schafe weiden zwischen Macchia und Trockensteinmauern, hier und da zweigt der Weg zu einer versteckten Bucht ab. Hotels gibt es nicht mal eine Handvoll auf der ganzen Insel. In der Kvarner-Bucht gelegen, erreicht man sie mit der Autofähre. In das wildromantische Bild von Cres fügt sich der relativ große, naturbelassene Campingplatz Kovačine gut ein. So einsam wie entlang der Inselstraße ist es dort allerdings nicht, und in den Sommerferien wird von früh bis spät Kinderanimation geboten. Für Spaß sorgt auch eine moderne Badelandschaft mit Pools und knallroter Rutsche als Hingucker. Mama und Papa haben vom hölzernen Sonnendeck aus alles bestens im Blick oder sind gleich nebenan im Fitnessraum erreichbar. Auf den ausreichend großen Parzellen spenden Pinien und Olivenbäume Schatten, zumindest teilweise. Mobilheime und Apartments gibt es auch.

Fangfrischer Fisch in Cres-Stadt

Das Meer ist das Herzstück dieses Campingplatzes, der Strand wurde mit Kies aufgeschüttet. Wer mag, kann Tauchen lernen – eine Besonderheit sind Tauchgänge für Gehörlose – oder sich ein Stehpaddelbrett leihen. Hundebesitzer und FKK-Anhänger haben eigene Campingparzellen. Ein Uferweg trennt Badende und Campende, und wer sich hier aufmacht, erreicht nach nicht einmal einer Viertelstunde Fußweg die Inselhauptstadt Cres. Dort schaukeln Boote in der Hafenbucht, in den Konobas wird fangfrischer Fisch serviert, und ein Wehrturm lockt mit Ausblick. Wer mobil ist, kann die ganze Insel in wenigen Tagen bequem erkunden. Im Dörfchen Beli, ganz im Norden von Cres, werden bedrohte Gänsegeier in einer Schutzstation aufgepäppelt.

→ Traumhafte Strandlage: Camping Kovačine
→ Die Gänsegeier von Cres

Das malerische Bergdorf Lubenice thront auf einer Klippe über dem schönsten Inselstrand, Sveti Ivan. Die Zufahrtsstraße hinauf ist recht schmal. Beim hübschen Örtchen Osor führt eine Schwenkbrücke hinüber nach Lošinj – beide Inseln waren mal eine einzige, die Römer trennten sie jedoch durch einen elf Meter breiten Kanal, um den Seeweg zu verkürzen. Wer um 9 und 17 Uhr an der Brücke ist, muss eine halbe Stunde warten – dann gehört der Kanal den Booten, so wie bei den Römern in früherer Zeit.

Info

Camping Cres Kovačine, Melin I br. 20, 51557 Cres, Insel Cres, www.camp-kovacine.com

SIGHTSEEING

Touristenbahn nach Cres-Stadt mit Hafen, Franziskanerkloster und venezianischem Stadtturm; in Beli befindet sich das Gänsegeier-Besucherzentrum, www.belivisitorcentre.eu

ESSEN UND TRINKEN

Bistro Melin, Melin II 2/22, 51557 Cres-Melin; Konoba Bukaleta, Loznati 9 a, 51557 Cres-Loznati

ACTION UND AUSFLÜGE

Wanderweg Tramuntana bei Beli; Bucht von Valun mit Kiesstrand; Lubenice mit Schafzuchtmuseum und Bucht Sveti Ivan; Tauchausflug zur Blauen Grotte auf Cres

ANREISE

Anreise über Krk und D102 bis Valbiska, Fähre nach Merag (Cres) nehmen, dann die D101 und D100 bis zum Campingplatz. Ab Istrien: Anreise mit der Autofähre Brestova–Porozina, Beschilderung in Richtung Cres-Stadt folgen

TOURISTENINFORMATION

www.visitcres.hr

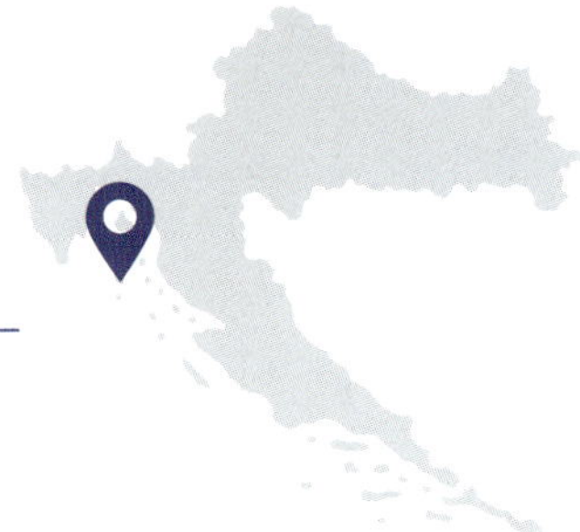

18 Meerblick statt Fellstiefel

Auf Lošinj geht Wintercamping im grünen Parkwald

Die Insel Lošinj hat eine lange Tourismustradition: Im Parkwald Čikat flanierte schon die Habsburger Hautevolee, heute wird hier gecampt – wenn anderswo bereits die Fellstiefel geschnürt werden.

Lošinj, die südlichste der Kvarner-Inseln, ist wunderbar grün. Am Ende der langen Inselstraße kommt man zur Halbinsel Čikat südlich des Hauptortes Mali Lošinj: Dort spenden 3000 Aleppokiefern Schatten, die noch zu Habsburger Zeiten in diesem immergrünen, würzig duftenden Waldpark angepflanzt wurden. Nostalgische Villen, die heute Hotelgäste beherbergen, erinnern an diese Ära. Das Klima auf Lošinj ist subtropisch, die Winter sind mild. Daher reiste der Habsburger Adel gerne zum Überwintern an. An diese Tradition knüpft der Campingplatz Čikat an, der ganzjährig geöffnet ist – fernab von jeglichem Nieselregen.
Der Sommer auf dem Campingplatz gehört hingegen den Familien. An Stränden mit Felsen, Kies oder Beton wird gebadet, auf Sportplätzen kann

↗ Wasserspeiende Delfine in Mali Lošinj
← Rund ums Jahr möglich: Meerblick auf dem Campingplatz Čikat

man sich austoben, mit Outdoor-Geräten trainieren, und für das eigene Boot stehen Bojen bereit. Die Hauptattraktion ist jedoch der Aquapark Čikat, ein Wasserpark mit Rutschen, den Campingplatzgäste kostenlos nutzen dürfen. Bei Regenwetter kann der Nachwuchs auf den Indoor-Spielplatz ausweichen.

Flipper beobachten

Die Wege auf dem Platz sind asphaltiert oder betoniert – alles wirkt blitzblank. Gecampt wird auf nummerierten Parzellen und Stellplätzen, die man sich schon zu Hause im Internet detailliert anschauen kann. Egal, welchen man wählt: Kurze Wege garantieren acht Sanitärgebäude, die über den weitläufigen Platz verteilt sind. Wer ohne eigenes Domizil unterwegs ist, kann mit Küchenzeile ausgestattete Glamping-Zelte oder Mobilheime anmieten. Hunde werden auf diesem Platz nicht nur geduldet, sondern mit eigenem Strandabschnitt, Hundetrainer und Bewegungspark willkommen geheißen.
An manchen Tagen werden Öko-Workshops mit lokalem Bezug angeboten: Mal wird gezeigt, wie Wolle hergestellt wird, mal geht es um die Vögel der Region oder um die 200 Delfine, die in den Gewässern rund um Lošinj leben – und die man bei einer Bootstour mit ein wenig Glück erspähen kann. Einen Vormittag pro Woche werden lokale Inselerzeugnisse wie Käse und Olivenöl feilgeboten. Die Seepromenade, Lungomare, führt an pastellfarbenen Kapitänsvillen vorbei. Sie verbindet die beiden charmantesten Inselorte Mali (»Kleines«) Lošinj und Veli (»Großes«) Lošinj miteinander – die mit hübschen Hafenbuchten, Restaurants und Museen aufwarten.

Info

Camping Čikat, Čikat 6 a, 51550 Mali Lošinj, Insel Lošinj, www.camp-cikat.com

SIGHTSEEING
Museum des Apoxyomenos, Riva Lošinjskih kapetana 13, 51550 Mali Lošinj, www.muzej apoksiomena.hr; historische Fischmarkthalle im Hafen von Mali Lošinj; Delfin-Schutzzentrum in Veli Lošinj und Delfin-Beobachtungstour, www.dolphin-watching.com

ESSEN UND TRINKEN
Restaurant Silver Bay am Platz; Restaurant Za Kantuni, Vladimira Gortana 28, 51550 Mali Lošinj, https://za-kantuni.business.site

ACTION UND AUSFLÜGE
Aromagarten mit Kräuterladen Miomirisni vrt bei Veli Lošinj, www.miomirisni-vrt.hr; Spaziergang auf der Seepromenade nach Veli Lošinj mit Hafenbucht und Kapitänsvillen; organisierte Bootsausflüge zu den umliegenden Inseln, z. B. auf die »Sandinsel« Susak oder auf die »Blumeninsel« Ilovik

ANREISE
Auf der Insel Krk D 102 bis Valbiska (Krk), dort auf die Fähre nach Merag (Cres), D 101 und D 100 via Cres nach Mali Lošinj und bis zur Čikat-Bucht. Achtung: gleicher Weg zurück, da ab Mali Lošinj nur Personenfähren verkehren (nach Zadar, Pula, Rijeka, Unije, Ilovik, Susak)

TOURISTENINFORMATION
www.visitlosinj.hr

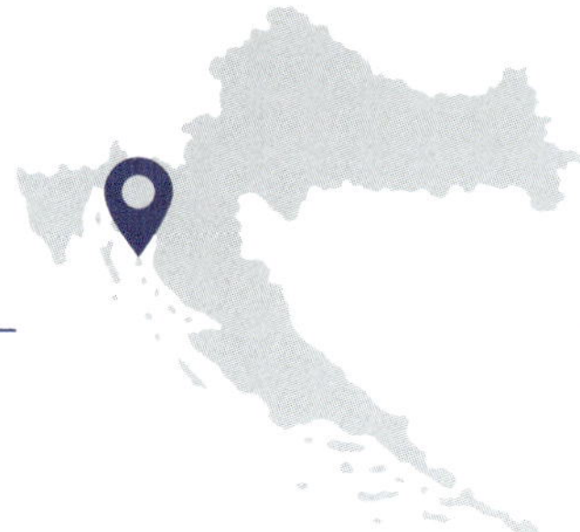

19 Baden, buddeln, Burgen bauen

Lopar lockt auf Rab mit wunderbaren Sandstränden

Sandburgen bauen, minutenlang ins Wasser laufen, bis man erst mal nasse Knie bekommt – das macht schon den Kleinsten Spaß. Lopar heißt die Halbinsel im Nordwesten der Insel Rab, die mit paradiesischen S(tr)andbedingungen punktet.

Der Strand spielt die Hauptrolle! Anderthalb Kilometer lang und feinsandig, schmückt er sich – wohlverdient – mit dem Namen »Paradiesstrand«, so die Übersetzung von Rajska plaža. Direkt daran grenzt der Campingplatz San Marino. Die Stellplätze sind teils parzelliert, Mobilheime und Apartments ergänzen die gepflegte Ferienanlage der Valamar-Gruppe. Der Nachwuchs wird im Mini-Klub von früh bis spät bei Laune gehalten, Spielplätze sorgen für Abwechslung. Hundebesitzer bleiben unter sich. Der Campingplatz ist ein richtiges kleines Dorf mit Supermarkt, Bäckerei, Obst- und Gemüsestand und Weinhandlung. Sehr trinkbarer Weiß- und Rotwein aus Slawonien wird dort vom Fass gezapft. Probiertipp: der weiße Graševina, der anderswo als Welschriesling bekannt ist.

↗ In den Sommermonaten natürlich nicht so einsam: der Paradiesstrand
← Zelt oder Mobilheim? Das ist hier die Frage.

Ein Steinmetz als Staatsgründer

Ansonsten ist Lopar ein netter Badeort ohne größere Sehenswürdigkeiten mit Restaurants, Souvenirbuden, Eisständen, Minigolf und Trampolin. Eine Touristenbahn verbindet den Ortsteil San Marino über einen Hügel mit der Seite, wo die Autofähre an- und ablegt – und es weitere Strände gibt. Nordwestlich von Lopar erstreckt sich eine Halbinsel mit Geopark-Status, Gesteinslehrpfaden, Wanderwegen und mehreren versteckten Sandbuchten wie dem bekannten FKK-Strand Sahara, eine halbe Stunde Fußweg vom Paradiesstrand entfernt. Aus Lopar stammt übrigens der Steinmetz Marin, ein verfolgter Christ, der im 4. Jahrhundert über die Adria floh und dort andere Gläubige um sich versammelte. Er wurde später heiliggesprochen, auf Italienisch »San Marino«, und gilt als Gründer des gleichnamigen Staates. In Lopar ist man stolz darauf.
Genug vom Strandleben? Ab zum Sightseeing nach Rab-Stadt, dessen malerische Altstadt von drei Seiten vom Meer umspült wird. Vier Kirchen staffeln sich auf der höchsten Erhebung hintereinander, in den verwinkelten Gassen wird gebummelt. Ab Lopar gelangt man mit dem Inselbus hierher.

Info

San Marino Camping Resort, Lopar 488, 51281 Lopar, Insel Rab, www.camping-adriatic.com

SIGHTSEEING
Geopark Lopar mit archäologischen Ausgrabungen, Wanderwegen und Lehrpfad

ESSEN UND TRINKEN
Fischlokal Konoba Ankora, Lopar 103, 51280 Lopar; am Paradiesstrand: Beach & Food Bar Porto, Lopar 610, 51281 Lopar, https://porto-lopar.eatbu.com

ACTION UND AUSFLÜGE
Bootsausflug auf die Gefangeneninseln Sveti Grgur und Goli otok; Stadtbummel in Rab-Stadt; Halbinsel Kalifront mit Wanderwegen

ANREISE
Ab Valbiska auf der Insel Krk Autofähre nach Lopar und 2 km bis San Marino; nachhaltig: Nachtzug ab Stuttgart/München/Salzburg bis Rijeka, 15 Minuten Fußweg bis zum Fährhafen, dort einmal täglich Personenschnellboot nach Rab-Stadt, weiter mit dem lokalen Bus (Arriva) direkt bis Lopar-San Marino (Mo–Sa mehrmals täglich, sonst Taxi)

TOURISTENINFORMATION
www.lopar.com

Gut zu wissen

Falten, klappen, rollen

Praktische Tipps fürs Campergepäck

Egal, ob man mit Reisemobil, Auto oder Motorrad nach Kroatien fährt – irgendwie ist immer zu wenig Platz. Ein paar Tipps helfen auch Campingeinsteigern beim Packen. Vorab: Lokale Händler, Gemüsebauern, Winzer oder Olivenölerzeuger freuen sich, wenn sie auch am »Tourismustopf« teilhaben dürfen – also bitte nicht alle Nahrungsmittel von zu Hause mitnehmen!

Sommer, Sonne, Strand? Ins Kroatien-Gepäck gehören Schwimmschuhe oder Neoprensocken für den Strand. Sand ist an der kroatischen Adriaküste nämlich selten, und Kies- und Felsstrände pieksen ganz schön. Badekappen, die man manchmal für italienische Campingplatz-Pools braucht, kennt man in Kroatien nicht. Wer in den Bergen campt, sollte auch im Sommer einen Fleecepullover mitnehmen.

Praktisch ist alles, was sich falten, klappen oder rollen lässt: Faltschüsseln erleichtern das Geschirrspülen, die Malsachen der Kinder sind in Faltboxen übersichtlich aufgehoben, und ein faltbarer Abfalleimer mit mehreren Bereichen ist ideal fürs Recycling. Ausklappbare Bambusregale schaffen Kleiderordnung im Zelt, und Outdoor-Handtücher aus Mikrofasern trocknen nicht nur schnell, sondern sind – Sie ahnen es – sehr platzsparend. Es gibt sogar Flip-Flops, die sich zwar nicht falten, dafür aber zusammenrollen lassen.

Kompakt ja, dennoch hat sich ein eigener Kulturbeutel für jedes Familienmitglied bewährt – damit das Duschgel nicht gerade anderswo unterwegs ist, wenn man es braucht. Einen Föhn? Gibt es auf den meisten größeren Campingplätzen. Die Reiseapotheke? Zumindest Schmerzmittel, Pflaster und ein Gel gegen Insekten und Sonnenbrand sollten hinein. Wer ein Mobilheim oder Glamping-Zelt bucht, muss nicht den halben Hausstand mitnehmen. Manchmal fehlen jedoch Kleinigkeiten wie Geschirrtücher oder ein Korkenzieher. Entweder direkt nachfragen oder in den Rezensionen nachblättern. Für das Wohnmobil sind ein paar nützliche Helfer nicht verkehrt: Dazu gehören Anfahrtskeile, denn viele Stellplätze an der kroatischen Küste liegen am Hang. Für die Stromversorgung sind Campingadapter (CEE-Kupplung) oder eigene Baustellen-Verlängerungskabel hilfreich, für die Wasserversorgung ein eigener Gartenschlauch mit Adapter. Bei der Entsorgung der Campingtoilette haben sich Einweghandschuhe bewährt.

Praktisch für Zeltcamper sind Pop-up-Wurfzelte, die zwar in Sekundenschnelle aufgebaut sind – aber leider nicht auf den Trekkingrucksack, das Fahrrad oder Motorrad passen. Manche Zeltcamper schwören auf ein Feldbett, andere nehmen auch Tisch und Stühle mit. Muss man nicht zwingend, zumindest Picknicktische gibt es fast überall. Kühlboxen können oft gemietet werden. Solar-Powerbanks sparen Zeltcampern den Stromanschluss. Fußmatte und Kehrblech fürs Zeltinnere? Kann man mitnehmen – wenn noch Platz ist.

↑ Gewusst wie: clever packen für den entspannten Campingurlaub
↖ Wer braucht schon viel Gepäck bei diesem traumhaften Ausblick?

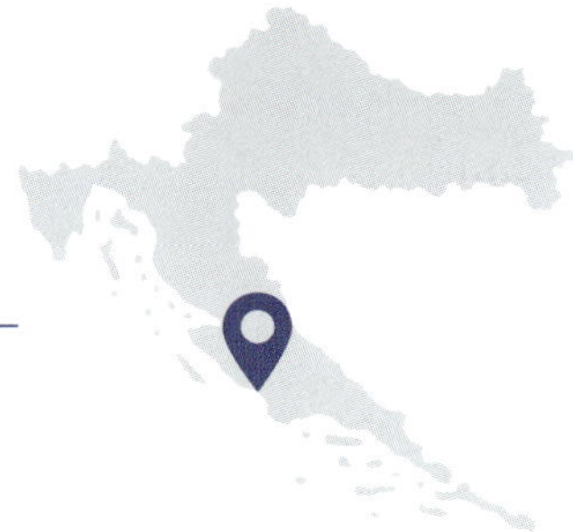

20 Das Urlaubsdorf auf der Landzunge

Meisterliche Baukunst in Šibenik entdecken

Knorrige Olivenbäume, ein schattiger Kiefernwald und schöne Kiesstrände – das ist nur eine Seite dieses großen Campingplatzes auf halbem Weg von Zadar nach Split. Die andere: Aquapark, Piratenschiff, Märchenschloss-Konditorei und ein Ethno-Dorf.

Sie darf auf keiner Postkarte von Šibenik fehlen: die mittelalterliche Kathedrale des hl. Jakob (Sveti Jakov), makellos und ohne Mörtel gebaut. Treppengassen führen zu gleich drei Festungen oberhalb der Altstadt, mit stimmungsvollen Sommerkonzerten am Abend. Die vierte im Bunde, Sveti Nikola, erhebt sich trutzig im Meer. Zu venezianischen Zeiten sicherte die Meeresfestung die Altstadt von Šibenik, heute empfängt sie, frisch restauriert, die Ausflugsboote.
Der nächstgelegene Campingplatz, Amadria Park Camping, erstreckt sich auf der Halbinsel Solaris, zehn Fahrminuten östlich der Altstadt – mit Stellplätzen, Mobilheimen und als Teil einer Ferienanlage mit einer Handvoll Hotels. Ein Highlight ist der Aquapark: gelb, rot oder orange? Die knallbunten Plastikrutschen winden sich spiralförmig in den Pool hinab. Auf dem »Lazy River« lässt man sich in dicken Schwimmringen dahintreiben.

Piraten auf Zeit

»Ahoi, ihr Landratten«, heißt es bei den Piratenpartys, bei denen – mit ein wenig Schminke und Geschick – aus fröhlichen Urlauberkindern grimmige kleine Seeräuber mit Rauschebart werden. Das dazu passende Piratenschiff ankert dauerhaft im Pool. Wer noch Energie hat, tanzt bei der Mini-Disco am Abend mit. Für Erwachsene steht ein breites Sportprogramm zur Auswahl.
Naschkatzen zieht es vorzugsweise in die Konditorei der Ferienanlage, die einem Märchenschloss nachempfunden ist. Ein traditionelles dalmatinisches Dorf wurde hier nachgebaut, mit Natursteinhäusern, Schauwerkstätten und einer Wassermühle. Dalmatinische Männerchöre, die man hier *klapa* (Mehrzahl: *klape*) nennt, singen a cappella von der Liebe und vom Meer, und Kellner in landestypischen Trachten servieren regionale Spezialitäten. Dazu gehören beispielsweise die traditionellen *Peka*-Gerichte, die unter einer gusseisernen Schmorglocke stundenlang in der Glut eines Kamingrills zubereitet werden – mit Gemüse, Kalb, Lamm oder Oktopus. Darauf gönnt man sich eine selbst gebrannte Rakija. Und der Urlaub ist perfekt!

← Am Kanal Sveti Antun erlebt man Šibenik von seiner grünen Seite.

Info

Amadria Park Camping, Hoteli Solaris 86, 22000 Šibenik, www.amadriaparkcamping.com

SIGHTSEEING
Stadtbummel in Šibenik mit Festungen Barone, Sveti Mihovil, Sveti Ivan und Meeresfestung Sveti Nikola (Bootsableger an der Uferpromenade); Kathedrale Sveti Jakov; Bauernmarkt in Šibenik

ESSEN UND TRINKEN
Restaurant »Dalmatinisches Ethno-Dorf« am Platz; Restaurant Zlatna ribica, Ulica Krapanjskih spužvara 46, 22010 Šibenik-Brodarica, www.zlatna-ribica.hr

ACTION UND AUSFLÜGE
Spaziergang am Kanal Sveti Ante; Schiffsausflüge auf die Inseln Zlarin, Kaprije und Žirje mit Jadrolinija ab Šibenik-Altstadt oder auf die Schwammtaucher-Insel Krpanj ab Brodarica; Falknerei Sokolarski centar, Škugori bb, 22000 Dubrava kod Šibenika, http://sokolarskicentar.com

ANREISE
Auf der Autobahn A1 Ausfahrt 22– Šibenik nehmen, der D 33 und Beschilderung bis zum Ziel auf der Halbinsel Solaris (Hoteli Solaris) folgen

TOURISTENINFORMATION
www.sibenik-tourism.hr

21 Fünf Schritte bis zum Strand

Ganz nah bei der Westernstadt Trogir campen

Der Campingplatz Rožac erstreckt sich auf einer kleinen Landzunge, die von beiden Seiten vom Meer umspült wird. Das hübsche Städtchen Trogir ist gleich vis-à-vis. Wer in erster Reihe am Meer campen will, sollte sich beizeiten kümmern.

Fünf, sechs, sieben … wie viele Schritte sind es eigentlich von den vordersten Standplätzen bis zum Meer? Nur eine wadenhohe Kaimauer trennt den Campingplatz Rožac in Okrug Gornji vom schmalen Kiesstrand und der Adria. Wunderbar: Pinien, die ihre Zweige bis zum Ufer hin ausstrecken! Da kann die Markise des Wohnmobils mal ein Päuschen einlegen. Wer ein Mobilheim mietet, hat ohnehin ein Dach über der Veranda sowie Schatten spendende Olivenbäume und gepflegtes Grün entlang der Wege.

Wer einen Off-Tag einlegen will, kann sich zwischen Strandbar oder Massage im Strandzelt entscheiden. Oder die Muskeln beim Aqua-Gym dehnen. Ein Animationsteam kümmert sich um den Nachwuchs und hält dafür Gesichtsfarben, Schwimmnudeln, Kinonächte unter freiem Himmel und andere Überraschungen bereit. Ein Bäcker am Eingang sowie ein kleines Geschäft verkürzen die Wege, ebenso das Restaurant am Platz.

Inselromantik darf man auf Čiovo nicht erwarten: Das Eiland ist nämlich längst schon zur eigentlichen Badewanne von Trogir herangewachsen, hier befinden sich die meisten Apartments, Hotels, Strände und Campingplätze – und wer mit dem großen Caravan unterwegs ist, wird auf der Zufahrtsstraße zum Campingplatz sicher das eine oder andere Mal rangieren. Mobil vor Ort bleibt man mit einem Leihfahrrad, das man an der Rezeption mieten kann.

Santa Fé ist gleich ums Eck

Nimmt man die Abkürzung, ist man glich da: auf der UNESCO-gekrönten Altstadtzunge von Trogir, die sich wie ein Riegel zwischen Čiovo und Festland schiebt. Um den Hauptplatz gruppieren sich Kathe-

→ Heiß begehrt: die Stellplätze direkt am Strand
→ In den Abendstunden ist ein Bummel an der Uferpromenade von Trogir besonders schön.

drale, Rathaus, Stadtloggia, Cafés, und am Ende der Uferpromenade thront die Festung Kamerlengo. »Winnetou III« wurde in den 1960er-Jahren hier gedreht und Trogir damals zur Westernstadt Santa Fé. Gut zu wissen: In der Hauptsaison startet und landet gefühlt alle paar Minuten ein Flugzeug am Airport Split vor den Toren von Trogir. Dafür entschädigen 2670 Sonnenscheinstunden ein wenig.

Info

Kamp Rožac, Šetalište Stjepana Radića 56, 21223 Okrug Gornji, Insel Čiovo, www.camp-rozac.hr

SIGHTSEEING

Stadtbummel in Trogir mit Kathedrale, Uferpromenade und Festung Kamerlengo

ESSEN UND TRINKEN

Pizzeria Kristian, Ulica Blaženog Augustina Kažotića 9, 21220 Trogir; Lokal Kamerlengo, Vukovarska 2, 21220 Trogir, www.kamerlengo.hr

ACTION UND AUSFLÜGE

Regelmäßige Boote von Trogir über Slatine nach Split, www.buraline.com; »Game of Thrones«-Drehort Festung Klis; römische Ausgrabungen mit Grundmauern und Säulenresten von Salona, dem heutigen Solin, www.solin-info.com; Festung in Kaštel Gomilica

ANREISE

Auf der Autobahn A1 die Ausfahrt 24 – Prgomet nehmen, weiter bis Flughafen/Adriamagistrale fahren, rechts abbiegen und vor Trogir die neue Brücke nach Okrug Gornji nehmen

TOURISTENINFORMATION

www.visitokrug.com, www.visittrogir.hr

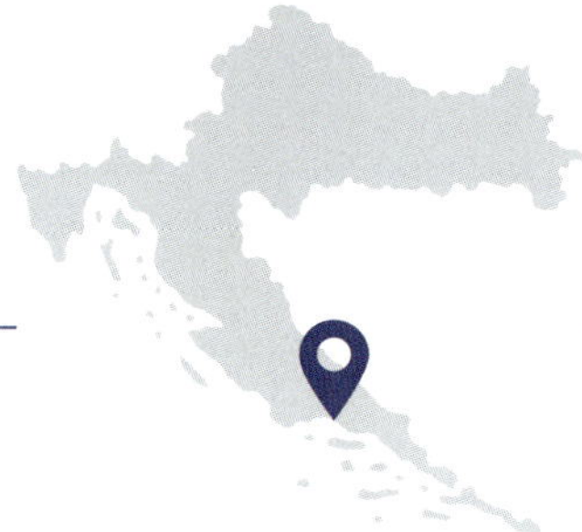

22 Vor den Toren der Großstadt

Wellness, Wintercamping und Familienspaß bei Split

Strand und Sightseeing sind hier dicht beieinander: Wer auf dem Campingplatz Stobreč vor den Toren von Split unterkommt, kann morgens im Meer baden und am Nachmittag entspannt zum Stadtbummel fahren – sogar auf einen Weihnachtspunsch.

Böse Jungs mit schwarzen Sonnenbrillen flitzen rasant auf Motorjachten über das Meer, im Hintergrund stehen Palmen an der Uferpromenade Spalier, und Kommissare ermitteln vor stets blitzblauem Himmel. Zugegeben, die ARD-Fernsehserie »Der Kroatien-Krimi« kann das Fernweh auf der heimischen Couch ganz schön entfachen! Entstanden sind viele der mediterranen Außenaufnahmen in Split, der zweitgrößten kroatischen Stadt. Die muss man unbedingt mal gesehen haben, was für die Fernsehserie nicht zwingend gilt. Split ist Mitteldalmatiens urbane Metropole, die man in Kroatien für ihren Hafen und ihre feurigen Fußballfans kennt. Viele Jahre wurde Split eher als Fährhafen auf die Inselwelt wahrgenommen, doch das hat sich geändert. Große Kreuzfahrtschiffe ankern seit einigen Jahren hier, ein Festival elektronischer Musik lockt im Juli Zehntausende an, und längst bleiben Urlauber nicht nur einen Tag, sondern länger. Zu Recht, denn Split hat eine einzigartige Altstadt, die gesehen werden will: Sie breitet sich innerhalb der Mauern eines antiken Palastes aus, den sich der römische Kaiser Diokletian als Alters-

Tipp

Feigen, Fenchel oder Flip-Flops: Die *Splićani* decken sich auf dem *Pazar* ein, dem Grünmarkt von Split (Stari Pazar 8). In der Peškarija wird am Vormittag fangfrischer Fisch angepriesen (Obrov ulica). Direkt neben dem Fischmarkt lohnt das einfache, authentische Fischlokal Zlatna ribica (»Goldfisch«). Dort kommt ausschließlich auf den Tisch, was das Meer an diesem Tag hergegeben hat.

→ Urbanes Camping geht auch direkt am Meer – in Stobreč bei Split.

DIVING

ruhesitz erbauen ließ. Vier Stadttore führen hinein, zu bestaunen gibt es im Diokletianspalast die Kathedrale mit Panoramablick vom Glockenturm, das Peristyl, eine Taufkapelle mit Sphinx-Figur und andere eindrucksvolle Bauwerke. Am besten lässt man sich einfach durch die mit weißem Kalkstein gepflasterten Gassen treiben. Nicht fehlen darf ein Spaziergang auf den grünen Hausberg Marjan hinauf – mit Panoramablick. Das alles macht auch Kindern Spaß, denn die nächste Eisdiele ist nie weit!

Waren Sie schon mal auf einem Adventsmarkt am Meer? Hüttenzauber und Glühwein gibt es in Split unter Palmen.

Das Grün fällt sofort auf

Ein guter Ausgangspunkt für Stadtbesichtigungen ist der Campingplatz Stobreč im gleichnamigen Vorort südlich von Split. Die Anbindung nach Split ist sehr gut, denn der lokale Bus stoppt fast vor dem Platz. In Stobreč ist man mittendrin im Geschehen, inklusive Supermarkt, gutem Bäcker, Cafés – bei so viel Sommertrubel kann allerdings schon mal der eine oder andere Motor aufheulen.
Dafür kann man gar nicht dichter dran an Split campen – und das sogar direkt am Strand! Der wurde mit feinem Kies aufgeschüttet, eine Umkleide und Dusche gibt es auch, und eine ganze Weile kann man hineinwaten, bis man nasse Knie bekommt. Das ist prima für Kinder, die hier auch einen Spielplatz finden – und Animation in den Ferien. Ein Pool sorgt für Abwechslung vom Strand. Ein eigener Strandabschnitt ist für Hunde reserviert, die auch Auslauf auf einem kleinen Parcours haben. Nebenan können Herrchen und Frauchen gegen eine kleine Gebühr die Muskeln an einem urigen Outdoor-Fitnessplatz mit hölzernen Gewichten trainieren.
Was sofort auffällt: Olivenbäume, Pinien, Sträucher und Hecken tauchen den Campingplatz nicht nur in wunderbare Grüntöne – sondern lockern das Gelände auch optisch auf. So wirkt der mittelgroße Platz dennoch recht intim und familiär. Auf die Bepflanzung wird viel Wert gelegt, und es wird gestutzt, gegossen und gepflegt entlang der schmalen Natursteinwege, die zu den modernen Mobilheimen oder Parzellen abzweigen. Zu jedem Mobilheim gehört eine Veranda, aber auch ein eigener kleiner Vorgarten. Bettwäsche und Parkplatz sind inbegriffen. Ebenso inbegriffen sind warme Duschen, die über ein Chip-Armband abgerechnet werden. Dass die Duschzeiten zwar begrenzt, aber vollkommen ausreichend sind, gehört zum nachhaltigen Konzept des Platzes, für das er mit dem Ecocamping-Siegel ausgezeichnet wurde.

Glühwein mit Meeresrauschen schlürfen

Ein Highlight ist das Restaurant am Platz, das während der Corona-Pandemie komplett erneuert wurde. In stylisher, ungezwungener Atmosphäre kommen dalmatinische Spezialitäten auf den Tisch,

↗ Zu jeder Jahreszeit einen Besuch wert: Split
← Hausstrand am Campingplatz Stobreč

aber auch sehr gute Pizzas. Eine Meeresfrüchteplatte als Vorspeise? Dazu unbedingt das frische, warme Brot bestellen! Wer draußen unter schattigen Pinien sitzt, schaut direkt aufs Meer hinaus, ansonsten gibt es noch die Strandbar.
Die Sanitärgebäude sind tipptopp und im Winter beheizt – der Campingplatz hat nämlich ganzjährig geöffnet. Wintercamping macht hier richtig Spaß, da das Klima recht mild ist. Im Herbst bringt der Fallwind Bora zwar Regen, aber Schnee fällt hier extrem selten. Sollte das Wetter nicht mitspielen, gibt es immer noch den Wellnessbereich mit freundlichem Empfang, Innenpool, Sauna und Massagen — alles modern und einladend. In der Adventszeit glitzert Split mit Hüttenzauber – und am Adventsmarkt am Meer auf der palmengesäumten Uferpromenade Riva wird mit Glühwein angestoßen. Mal eine andere Zeit zu campen und die Adria von einer anderen Seite zu erleben, ohne den Sommertrubel – und zum Wandern oder Bummeln ist es ohnehin warm genug.

Info

Camping Stobreč, Put Svetog Lovre 6, 21311 Stobreč, www.campingsplit.com

SIGHTSEEING
Stadtbummel in Split mit Diokletianspalast, Uferpromenade Riva und Waldpark Marjan

ESSEN UND TRINKEN
Restaurant Horus am Platz; Restaurant/Pizzeria Orbis, Put Svetog Lovre 17, 21311 Stobreč, www.facebook.com/OrbisStobrec

ACTION UND AUSFLÜGE
Antike Ausgrabungen des alten Salona in Solin, www.solin-info.com; Festung Klis, www.tvrdavaklis.com; Kaštel Gomilica; Ritterspiele »Alka« Anfang August in Sinj und Ritterspielmuseum, www.alka.hr; gelegentlich organisierte Ausflüge nach Mostar, Međugorje und in den Nationalpark Krka sowie Rafting auf der Cetina bei Omiš

ANREISE
Autobahn A1 die Ausfahrt 25 – Dugopolje nehmen, auf der Adriamagistrale D 8 in Richtung Dubrovnik halten und in Stobreč der Beschilderung nach rechts bis zur Rezeption folgen; nachhaltig: mit dem Nachtzug ab Zagreb, Wien oder Graz direkt nach Split, vom Bahnhof Split mit den Buslinien 25, 27 oder 40 in 15 Minuten direkt zum Campingplatz nach Stobreč

TOURISTENINFORMATION
www.visitsplit.com, www.visitstobrec.com

23 Camping unter Tamarisken, Linden und Birken

Die Cetina, das Meer und die Berge

Ein Sandstrand! Dafür nimmt man den langen Weg nach Mitteldalmatien gern in Kauf, zumal Omiš mit seinen steilen Felsen und dem Fluss Cetina ein Paradies für Freikletterer und Rafting-Fans ist. Wer es schnörkellos und stadtnah mag, ist hier gut aufgehoben.

Gleitet man auf der Küstenmagistrale von Split nach Süden, taucht nach einer halben Stunde das Städtchen Omiš auf. Sehr hübsch: Hier bahnt sich der Fluss Cetina am Rand der Altstadt seinen Weg durch steile Felswände hindurch, um kurz darauf in die Adria zu münden. Genau an diesem Landzipfel erstreckt sich ein langer, seicht abfallender Sandstrand. Der urbane Badeplatz ist jedoch kein Geheimtipp mehr, sondern bei Familien sehr beliebt und im Sommer rappelvoll. Weiß sind die Tretboote, mit denen man sich am Strand – oh, Wortspiel – die Beine vertreten kann. Jetski, Windsurfen oder Stand-up-Paddelbretter sind hier ebenfalls im Einsatz.
Der Strand ist das Herzstück des schnörkellosen Campingplatzes Galeb, der direkt daran anschließt.

↗ Campingplatzpool mit Meerblick
← Mündet zwischen steilen Felswänden ins Meer: die Cetina bei Omiš

Wer hier campt, findet einen weitläufigen, ebenen Platz mit Parzellen, Stellplätzen und Mobilheimen. Tamarisken, Pappeln, Birken und Linden spenden Schatten. Wer noch mehr Abkühlung braucht, springt in einen der beiden Swimmingpools. Obst, Gemüse, Backwaren und Eis gibt es in der Nähe der Rezeption, einen Supermarkt findet man ein paar Meter außerhalb des Campingplatzes. Zwei Restaurants, eines davon hübsch am Strand gelegen, runden das Angebot ab. Wer nicht selbst kochen will, kann hier Frühstück, Mittag- und Abendessen hinzubuchen. Bei einem Sundowner in der Beachbar lässt es sich am Abend gut aushalten.

Zwei Burgruinen halten fit

Omiš mit seinen Steilwänden, die Schutz boten, war im Mittelalter eine Hochburg der Seeräuberei. Die Felsen entlang der Cetina sind bei Kletterfans sehr beliebt, die sich vorzugsweise in der Cetina-Schlucht entlanghangeln. Ein Ausflug ins Hinterland verbinden viele Urlauber mit einer Rafting-Partie. Doch eher Typ Landratte? Schweißtreibend ist der Aufstieg zur Burgruine Starigrad hinauf, über große Steinblöcke geht es bergauf – dafür wird man mit einem grandiosen Ausblick auf das Städtchen Omiš und das Meer belohnt. Weniger anstrengend ist der Pfad zur Festung Mirabela, die gleich über der Altstadt unter einer Steilwand klebt – sehr schön für einen Spaziergang in den Abendstunden.

Info

Kamp Galeb, Vukovarska ulica 7, 21310 Omiš, www.kamp.galeb.hr

SIGHTSEEING
Steile Felswände der Cetina in Omiš; Festung Mirabela in der Altstadt

ESSEN UND TRINKEN
Restaurant am Platz; Traditions-Konoba U našeg Marina (»Bei unserem Marin«), Knezova Kačića 4, 21310 Omiš, www.facebook.com/konobaunasegmarina; Bootsfahrt zum Ausflugslokal Radmanove Mlinice (»Radmans Mühlen«) im Cetina-Tal, www.radmanove-mlinice.com

ACTION UND AUSFLÜGE
Wanderung zur Festung Starigrad; Rafting-Ausflüge auf der Cetina; Zipline Omiš, http://zipline-croatia.com; Stadtbummel in Split sowie in Sinj mit Ritterspielmuseum Alka; Roter und Blauer See in Imotski

ANREISE
Autobahn A1 bis Ausfahrt 25 – Dugopolje nehmen, Split passieren, dann der Küstenmagistrale D 8 in Richtung Dubrovnik bis Omiš folgen, in der Vukovarska ulica rechts abbiegen bis zum Kreisverkehr, erste Ausfahrt nehmen

TOURISTENINFORMATION
www.visitomis.hr

Glamping – das bedeutet Naturnähe in einem stilvollen Ambiente.

Wohlfühlplätze mit Luxusfaktor

Mitten in der Natur schlafen, aber nicht auf der Isomatte? Wer Campingplatzluft schnuppern möchte, ohne dabei auf ein eigenes Bad und Bett zu verzichten, kann sich mit Luxuscamping herantasten. Übernachtet wird in Safari-Zelten, Tipis, aber auch in komplett ausgestatteten Chalets mit privatem Pool. Und alles ist schon da und muss nicht erst aufgebaut werden.

Manch einer zögert beim Gedanken an Isomatten, Dosenravioli und einer Dusche für alle – und schätzt dennoch die Gemütlichkeit von Campingplätzen? Ein wunderbarer Kompromiss ist Glamping – ein Kunstwort aus »glamourös« und »Camping«. Luxuscamping vereint die Naturnähe von Campingplätzen mit dem Komfort, den man von Hotels kennt. Da gibt es schicke Safari-Zelte, Holz-Lodges, Tipis, Kugelzelte oder Mobilheime – alle mit eigenem Bad ausgestattet. Statt Taschenlampenromantik sorgt Strom dafür, dass Fernseher, Herd und Kühlschrank laufen. Und statt Isomatten warten richtige Betten, manchmal sogar im Kingsize-Format. Glamping ist ziemlich bequem: Man muss nichts aufbauen, einfach nur ankommen, die Sachen abstellen, und der Urlaub beginnt sofort!

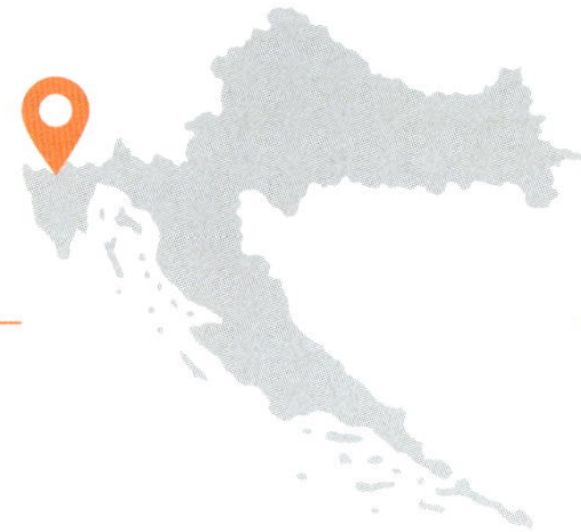

24 Im Reich des Hopfens campen

Wellness wird in Buje großgeschrieben

Kroatien ist ein Weinland. Es gibt jedoch auch wunderbare Craft-Beer-Sorten, die man probiert haben sollte. Eine Mikrobrauerei in Istrien braut nicht nur Bier, sondern verwöhnt Gäste auf ihrem Campingplatz mit Hopfen-Peelings und Bierbädern.

Grün! Die Farbe fällt auf dem gepflegten Campingplatz unweit des Hügelstädtchens Buje im Nordwesten Istriens sofort auf. Nicht nur die sanft gewellte Umgebung mit Rebhügeln und Olivenhainen leuchtet grün, sondern auch die Stellplätze – trotz Sonne und kaum Schatten. Der Grund: Für die sattgrüne Farbe sorgt ein Öko-Kunstrasen, der recycelt werden kann.
Der kleine, familiäre Campingplatz ist Teil eines gehobenen Ferienresorts mit Apartments und Bungalows. Er bietet gerade mal zwei Dutzend Stellplätze für Wohnmobile, Vans, Wohnwagen und Zelte. Bis zu zwölf Meter lange Gespanne passen auf die Parzellen, dafür wurde die Zufahrt extra ein wenig verbreitert. Betreiberin ist die Mikrobrauerei San Servolo, die hier vor Ort Bier braut sowie ein Steakhaus und eine Pizzeria führt – die auch bei den Kroaten sehr beliebt sind. Kürzer kann der Weg vom Sudhaus auf den Tisch kaum sein! Den ganz großen Trubel wie an der Küste erlebt man hier – zehn Kilometer landeinwärts – selbst in der Hauptsaison nicht. Dafür sieht man die Adria ganz in der Ferne glitzern.

Bier pflegt die Haut

Der Namenszusatz »Wellness« verrät, dass es hier mit einem Schlafplatz und ein paar Flaschen Bier nicht getan ist: Ein lichtdurchfluteter Spa-Bereich bietet je einen Innen- und Außenpool mit Liegen, einen großen Whirlpool für alle, Dampfbad und Finnische Sauna – das alles ist im Preis für den Stellplatz enthalten. Massagen, Bierbad, Hopfen-Peeling und andere Kosmetikanwendungen können gegen Aufpreis hinzugebucht werden. Wer sich einen besseren Stellplatz gönnt, kann den Sonnenuntergang sogar im privaten Whirlpool genießen.

→ **Hoch auf einem Hügel gelegen, wurde Buje auch »Wächter Istriens« genannt.**

Die Sanitäranlagen sind ziemlich stylish. Im Winter – der Platz ist ganzjährig geöffnet – sorgt der beheizbare Boden für warme Füße nach dem Duschen. Die Nutzung der Waschmaschine ist im Preis inbegriffen, einen Trockner gibt es ebenfalls. Gegen den Knitter-Look hilft ein Bügelbrett, das man sich an der Rezeption ausleihen kann. Wer mit seinem Vierbeiner unterwegs ist, findet außen eine Hundedusche.
Für Wohnmobile gibt es eine komplette Ver- und Entsorgungsstation, also Frischwasser und Entleerungsmöglichkeiten. Kinder haben ihren eigenen Sanitärbereich mit Wickeltisch. Überhaupt gibt sich der Platz familienfreundlich: Die »Family«-Parzellen befinden sich in der Nähe eines kleinen, modernen Spielplatzes mit bunten Wipptieren und Klettergerüst. Im ansprechend gestalteten kleinen Laden bei der Rezeption wird das hauseigene Craft- oder Lagerbier verkauft. Ungewöhnlich ist das Trüffelbier! Für das persönliche Wellness-Treatment kann man sich dort auch mit Masken, Peelings oder Duschgel eindecken. Einen großen Supermarkt gibt es in Buje, etwa zwei Kilometer entfernt.

Tipp

Weinberge, Olivenhaine und Hügelstädtchen prägen das Landesinnere Istriens. Als schönstes gilt Motovun, hoch auf dem Berg, umgeben von einer doppelten Wehrmauer. Das Künstlerstädtchen Grožnjan birgt zwei Dutzend Galerien. Hum bezeichnet sich als »kleinste Stadt der Welt«, mit 30 Einwohnern und zwei Straßen. Als Mittelpunkt Istriens gilt Pazin, mit Burgmuseum über einer spektakulären grünen Schlucht, über die eine Zipline rauscht.

In Istriens Tavernen werden Trüffeln großzügig über Pasta, Gnocchi oder Steaks gehobelt.

Auf der alten Bahntrasse radeln

Um vor Ort mobil zu bleiben, können Elektroautos und E-Bikes am Platz angemietet werden. Überhaupt ist der Standort ideal, wenn man längere Radtouren machen will: Die bekannteste Route verläuft auf dem Radwanderweg »Parenzana« entlang einer aufgelassenen Schmalspurbahnstrecke. Eigentlich beginnt die gut 120 Kilometer lange Strecke bei Triest, führt über die slowenische Küste via Koper bis nach Poreč – bei Buje kann man jedoch gut mittendrin einsteigen. Der Radweg vereinigt Viadukte und Tunnels und führt an mehreren fahrradfreundlichen Unterkünften vorbei – etwa am Landhotel Casa La Parenzana im Weiler Volpia, unweit des Campingplatzes. Wer nicht radeln mag: Dort sitzt

↗ Entschleunigung ist im Wellnessresort San Servolo garantiert.
← San Servolo: ein ganzjähriger Badeplatz

man, umgeben von Lavendel- und Rosmarinsträuchern sowie Olivenbäumen, angenehm ruhig – und genießt istrische Trüffelgerichte. Die gibt es in fast allen besseren Konobas und Restaurants in Istrien, vor allem im Landesinneren. Großzügig wird der schwarze oder (kostspieligere) weiße Edelpilz über hausgemachte Pasta, Gnocchi oder Steaks gehobelt. Wer es nach Livade unterhalb des Hügelstädtchens Motovun schafft: Dort wurde die größte Trüffel der Welt – mit 1,3 Kilogramm Gewicht – entdeckt. Deren Finder, Giancarlo Zigante, betreibt in Livade das bekannteste Trüffelrestaurant des Landes. Genuss geht auch in Momjan, einem Weindorf nördlich des Campingplatzes, das für seinen weißen Muskateller, Momjanski Muškat, bekannt ist. Dort gibt es eine alte Festung, ein paar Restaurants, Konobas und Agrotourismus-Lokale sowie und das Weingut Kozlović, mit einem futuristisch-gläsernen Verkostungsraum mitten im Weinberg, nur mit dem ganz großen Wohnmobil wird es da eng.

Info

San Servolo Wellness Camping & Resort, Momjanska ulica 7, 52460 Buje, www.sanservoloresort.com

SIGHTSEEING

Stadtbummel in Buje mit Barockkirche Sveti Servul (San Servolo)

ESSEN UND TRINKEN

Steakhaus und Pizzeria San Servolo am Platz; Casa Romantica La Parenzana, Volpia 3, 52460 Buje-Volpia, www.laparenzana.com

ACTION UND AUSFLÜGE

Künstlerdorf Grožnjan mit Galerien; Hügelstädtchen Motovun mit begehbarer Stadtmauer; Buzet mit Stadttoren, Palästen, Zisterne und Heimatmuseum, www.poubuzet.hr; Bummel durch Oprtalj mit gleichnamiger Konoba; Kotli mit steinernen Badetrögen im Fluss Mirna; Roč mit seinen Kirchen; Ausflug in die »kleinste Stadt der Welt« nach Hum; Pazin mit Schlucht, Zipline und Burgmuseum, www.muzej-pazin.hr

ANREISE

Grenzübergang Dragonja/Plovanija in Richtung Oprtalj, nach San Servolo und Buje/Buie abbiegen

TOURISTENINFORMATION

www.coloursofistria.com

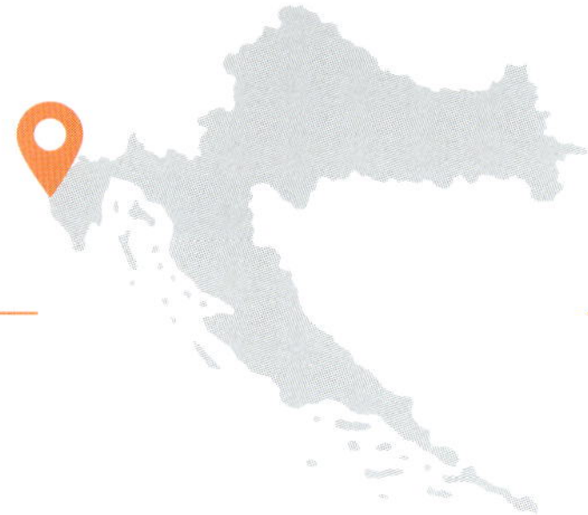

25 Am Infinitypool in Poreč

Wo der Pool ins Meer überläuft

Ein schicker Infinitypool spielt auf dieser kleinen grünen Halbinsel bei Poreč an der Westküste Istriens die Hauptrolle. Alles, was man braucht, ist schon da: Lodge-Zelt oder Mobilheim – und ein schöner Ausblick.

Was für eine Perspektive: Vorne der randlose Infinitypool, dazwischen das Meer und in der Ferne Poreč, aus dessen Altstadtsilhouette ein pfeilspitzer Kirchturm heraussticht – dieser Ausblick hat schon etwas! Auf dem Campingplatz Materada Village lässt sich beim Herumdümpeln am Pool oder beim Abendessen auf dem Terrassenrestaurant am Platz Sightseeing aus der Ferne betreiben, ganz ohne Menschenknäuel. Klingt ungewöhnlich? Der Platz ist es auch, denn klassisches Camping findet anderswo statt. Hier gibt es nur Mobilheime und Safari-Zelte, mit allem Drum und Dran. Das hat natürlich seinen Preis, vor allem während der Hochsaison.

Salzig oder süß? Mit Kindern ist die Entscheidung innerhalb eines Wimpernschlags getroffen: Auf in den Süßwasserpool, in den man auf einer Mini-Rutsche hineinsausen kann! Anschließend eine Runde auf den Spielplatz zum »Trockenflitzen« oder ins Spielzimmer mit Maltischen.

Salzig wird es hingegen für die Großen: Die entschleunigen auf einer Sonnenliege am hübschen Infinitypool, der mit Salzwasser gefüllt ist. Dazu ein Cocktail, im Hintergrund chillige Musik – und eigentlich möchte man sich da gar nicht mehr fortbewegen. Vor dem Einrosten bewahren jedoch Tennis, Bootsverleih, Outdoor-Fitnessgeräte oder ein Tauchzentrum und Wasserski in der Nähe.

Wer an den Strand will, muss nur den Uferweg überqueren – schon ist man da. Felsige, ruhigere Badeplätze findet man auch in der Umgebung. Weite Wege in der Anlage gibt es ohnehin nicht, dafür darf man ein paar Schritte zum Auto laufen, denn der Parkplatz ist zentral. Beim Gepäcktragen wird einem jedoch geholfen. Ein paar Meter, gut zehn Minuten, sind es zum nächsten Bäcker oder Supermarkt. Gut, um ein paar Kalorien zu verbrennen.

↗ Baden im Schwimmbecken, mit weitem Meerblick – das geht bei Poreč.

Römische Spuren in Poreč entdecken

Poreč muss besichtigt werden! Das vom Meer umschlossene Küstenstädtchen war Bischofssitz. Die eindrucksvolle byzantinische Euphrasius-Basilika aus dem 6. Jahrhundert mit prächtigen Mosaiken ist UNESCO-Weltkulturerbe und das kulturelle Highlight der Stadt. Poreč hat einen antiken Stadtkern mit Straßenzügen, die noch zu römischen Zeiten angelegt wurden, und in den Gassen der Altstadt kann man sich wunderbar verlieren – würde da nicht der Infinitypool warten …

Info

Boutique Camping Materada Beach, Materada 32, 52440 Poreč-Materada, www.campingmaterada.com

SIGHTSEEING

Altstadtbummel in Poreč mit Euphrasius-Basilika, Rundturm am Hafen und fünfeckigem Turm an der Hauptstraße Decumanus

ESSEN UND TRINKEN

Restaurant am Platz; Restaurant Istranka, Materada 1, 52440 Poreč-Materada; Bistro Grill Sarajevska prića, Špadići 72 a, 52440 Poreč-Špadići, https://bistro-grill-sarajevska-prica.eatbu.hr

ACTION UND AUSFLÜGE

Glasbodenboot *Yellow Submarine*, Poreč-Hafen, www.glassboatporec.com; Ausflugsschiff nach Venedig ab Poreč, www.venezialines.com; Kartbahn Motodrom Poreč, an der Hauptstraße Poreč-Tar, https://istra-kart.com; Vogelpark Papago Park, Červar, www.papago-park.com; Höhlenklettern in der Jama Baredine, Anmeldung erforderlich: www.speleolit.com

ANREISE

Ab Grenzübergang Dragonja/Plovanija der Autobahn A 9 bis zur Ausfahrt auf die Straße D 301 in Nova Vas folgen, dann Beschilderung bis Poreč beachten

TOURISTENINFORMATION

www.myporec.com

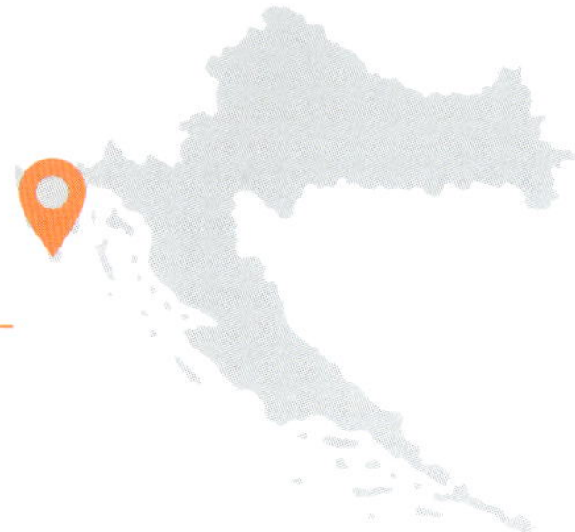

26 Bei Yoga Sonne und Strand grüßen

In Pomer warten 199 Zelte mit Glamourfaktor

Camping bedeutet nicht unbedingt, mit Töpfen, Tellern und Tassen durch halb Europa zu fahren. Manchmal passt es einfach besser, wenn schon alles da ist. Wer sich ein wenig Luxus im Glamping-Zelt gönnen möchte, ist im Süden Istriens richtig.

Er ist ein »Rollce Royce« unter den kroatischen Campingplätzen: 199 luxuriöse Zelte im Boho- und Safari-Stil hat die Arena-Gruppe auf den schattigen Platz bei Pomer gestellt – und ihn danach benannt: Arena One 99. Bei der Ankunft wird man von makellos gekleideten Pagen begrüßt, die sich um Koffer und Taschen kümmern – denn der Platz ist autofrei. Im Golfcaddy surrt das Gepäck dann zur Unterkunft. Das fügt sich ganz gut in die Umgebung, denn der Platz schließt sich direkt an die Marina von Pomer an, in der größere und kleinere Jachten auf dem Wasser schaukeln.
Den Tag verbringt man vorzugsweise am privaten Kiesstrand unterhalb des Geländes oder vor dem gemieteten luftigen Safari-Zelt mit Küchenzeile, Espressomaschine, Kühlschrank und Induktionsherd. Handtücher und Bettwäsche werden hier übrigens gewechselt wie im Hotel.

Drohne oder PlayStation?

Der Luxusplatz gibt sich familienfreundlich: Die Kleinen werden in einem Tipi-Zelt bespaßt, während Teenager auch mal eine Drohne steuern oder sich die Zeit mit der PlayStation verkürzen können. Entschleunigung spenden Yoga-Retreats auf einem Holzdeck mit Sonnensegel. Ein Wellnesscenter im Freien mit Saunazelt, Beauty-Behandlungen, Monsunduschen und Massagen gehört – gegen Aufpreis – dazu. Mit einer mobilen App reserviert man sich ein kostenloses Leihfahrrad, lässt sich etwas Essbares liefern oder reserviert eine Sonnenliege. Hundebesitzer finden am Strand hölzerne, zeltförmige Hundehütten vor, die Schatten spenden. Für Herrchen oder Frauchen gibt es zwei Strandbars mit Loungemöbeln, um sich vom Sonnenbad abzukühlen.
In der näheren Umgebung des Platzes ist vor allem die Bucht Ribnjak spannend: Dort führt ein schmaler Pfad übers Wasser – und kürzt den Weg ins Naturreservat Gornji (»Oberes«) Kamenjak ab, in dem man alte k.u.k.-Militärruinen, etwa Bunker oder eine Schaltzentrale, entdecken kann. Vom Badeort Pomer ist es nur ein größerer Katzensprung zum Stadtbummel nach Pula oder nach Medulin – das mit dem Archäologischen Park Vižula in einem Parkwald, einem Sandstrand und einer steinernen Windmühle am Strand aufwartet.

← Ganz lässig unter Pinien abchillen – Glamping auf dem Platz Arena One 99

Info

Arena One 99 Glamping, Pomer 26 b, 52203 Pomer, www.arenaglamping.com

SIGHTSEEING
Uvala Ribnjak mit Abkürzungssteg durch die Bucht; Spaziergang durch das Naturreservat Gornji Kamenjak mit Fossilienhöhle, k.u.k.-Militärruinen und Aussichtspunkten

ESSEN UND TRINKEN
Restaurant The One am Platz; Konoba Šćuza, Pomer 109, 52203 Pomer (am Steg in der Ribnjak-Bucht, Plaža Šćuza)

ACTION UND AUSFLÜGE
Wakepark Pomer am der Plaza Šćuza, www.waveboat.hr; Archäologischer Park Vižula in Medulin, www.medulinriviera.info; Waldpark Kašteja mit Aleppo-Kiefern; Halbinsel Premantura mit Naturreservat Donji Kamenjak, www.kamenjak.hr; Hochseilgarten und Zipline Jangalooz Pomer, www.jangalooz.com; Kajakfahren im Meduliner Archipel; mit dem Wassertaxi ab Ližnjan auf die Insel Levan

ANREISE
Ab dem Grenzübergang Dragonja/Plovanija die A 9 bis Pula nehmen, dann der Regionalstraße Ž 5119 bis zum Ziel in Pomer folgen

TOURISTENINFORMATION
www.medulinriviera.info

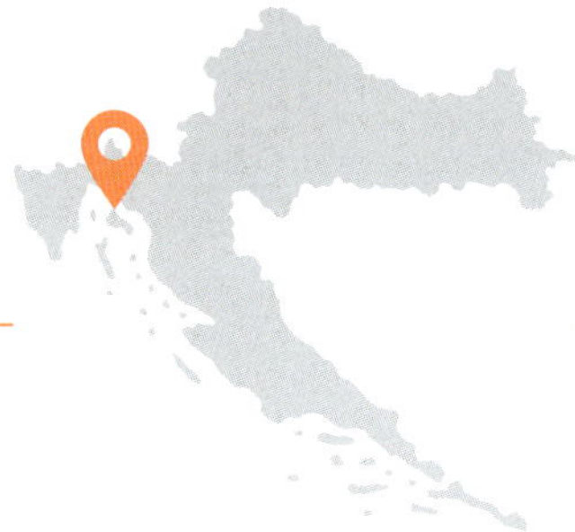

27 Eine ziemlich vokallose Insel

Bei Omišalj auf Krk beginnt die Inselwelt der Kvarner-Bucht

Nur nicht die Zunge verknoten! Die Insel Krk geizt zwar mit Vokalen, dafür umso weniger mit hübschen Stränden, malerischen Städtchen und komfortablen Campingplätzen. Über eine mautfreie Brücke ist Krk bequem zu erreichen – und Rijeka ist nicht weit.

Eindrucksvoll ist sie ja schon: die Brücke auf die Insel Krk, Krčki most, die aus mehr als 20 000 Tonnen Stahlbeton gegossen wurde. Mit ihren beiden Mega-Bögen spannt sie sich anderthalb Kilometer lang über ein felsiges Inselchen und verbindet das Festland und die nördlichste Kvarner-Insel miteinander. Seit Jugo-Zeiten trotzt sie Stürmen, Salzwasser und dem berüchtigten Fallwind Bora. Der kann im Herbst schon mal so stark aufblähen, dass die Brücke kurzerhand gesperrt wird. Im Sommer gleitet man jedoch friedlich und ohne Stopp, da die Mautstelle abgeschafft wurde, auf die neben Cres größte kroatische Insel. Kurz nach der Brücke steigert ein Päuschen auf dem Parkplatz rechter Hand die Vorfreude: Von hier oben erhascht man einen Blick auf den nicht allzu großen, modernen Campingplatz Omišalj, der sich in eine malerische Bucht im Nordwesten der Insel schmiegt. Wenige Minuten später wird man erst an der Rampe, dann nochmals an der Rezeption freundlich begrüßt. Das terrassierte Terrain des Fünf-Sterne-Campingplatzes fällt zur schmalen Vodotoč-Bucht hin ab, ein Kieselstrand schmiegt sich ans Ufer. Mit ein wenig Glück

Tipp

Folgt man der Adriamagistrale südlich von Krk, kommt man durch die Badeorte Crikvenica, Selce und Novi Vinodolski – mit hübschen Stränden, aber ohne große Sehenswürdigkeiten. In Senj lohnt die würfelförmige Festung Nehaj, weiter südlich zweigt man bei Sveti Juraj ins Velebit-Gebirge über den Oltari-Pass ab – bis zur Berghütte Zavižanj. Die letzten sechs Kilometer im Nationalpark sind Schotterpiste!

→ Reif für die Insel – mit Blick auf die lebhafte Hafenstadt Rijeka

↑ Schon bald nach Überquerung der Krk-Brücke sieht man den Campingplatz.
→ In Rijeka trifft Jugendstil auf Hafencharme.

kann man im Oktober noch baden, und in der Adventszeit genießt man dampfenden Tee mit Meerblick – denn der Platz ist ganzjährig geöffnet.

Ein Mini-Zoo für die Minis

Wer Glück hat, erwischt einen Stellplatz in der ersten Reihe, die nur ein paar Ziersträucher vom Meer trennen. Für die Entsorgung steht ein Automat bereit. Wer im Mobilheim übernachtet, kommt auf einem asphaltierten, von mediterranen Lavendelsträuchern und Olivenbäumen gesäumten Weg hinauf. Der Nachwuchs wird im Sommer bespaßt: Spielplatz, Pool, Gemüsegarten und sogar ein Mini-Zoo mit Ziegen, Truthähnen und Kaninchen – alles da. Abends flimmern Kinofilme unterm Sternenhimmel, Hundebesitzer dürfen mit ihren Vierbeinern an einem Extra-Strand toben.
Die Umgebung? Gelegentlich hebt im Sommer ein Flugzeug ab oder landet nur wenige Kilometer entfernt auf dem Flughafen von Rijeka, der oberhalb von Omišalj liegt. In der übernächsten Bucht gibt es ein paar antike Ausgrabungen am Meer – ideal für einen Spaziergang. Ansonsten schaut man vom Platz auf das Festland, genau genommen nach Rijeka.
Der moderne, gehobene Campingplatz eignet sich nicht nur für einen entspannten Badeurlaub, sondern auch, um gleich zwei Städte zu entdecken, die jeweils eine halbe Autostunde entfernt sind: Krk, die gleichnamige Hauptstadt der Insel, im Süden mit Altstadt, Kathedrale und Kastell gibt sich mit ihren engen Gassen eher gemütlich. Auf dem Weg dorthin lohnt sich ein Stopp im Weindorf Vrbnik, das im Nordosten der Insel hoch auf einer Klippe über einem schönen Strand thront.

In Rijeka tut sich viel Neues

Eine halbe Stunde Autofahrt sind es aufs Festland hinüber in die drittgrößte kroatische Stadt – die man vom Platz aus fest im Blick hat: Rijeka ist kein Ort, in den man sich an seiner Peripherie sofort verliebt – zu grau sind die Hochhäuser, zu laut die Umgehungsstraße. Lässt man sich dagegen auf die Stadt ein, fragt man sich, warum Rijeka erst jetzt im Kommen ist. Ein Bummel auf dem Korzo, der Flaniermeile mit ihren Geschäften, Jugendstilfassaden, dem k.u.k.-Uhrturm mit Habsburger Doppeladler und Cafés gehört dazu. Parken kann man, auch mit dem Wohnmobil, auf dem großen Parkplatz Delta unweit des Hafens am Mrtvi kanal. Das ist dann auch ein guter Standort, um auf den Berg Trsat hinaufzusteigen. Unbedingt zu Fuß! Vom Tito-Platz, Titov trg, führen nämlich insgesamt 561 Stufen zur Wallfahrtskirche und Festung Trsat hinauf. Von den Burgmauern genießt man einen hübschen Ausblick auf die Kvarner-Bucht und die vorgelagerten Inseln – vor allem bei Sonnenuntergang! Rijeka war 2020/2021 »Europäische Kulturhauptstadt«.

Daher ist in den vergangenen Jahren ziemlich viel Aufregendes in Sachen Kunst und Kultur passiert: Die ehemalige Zuckerfabrik in Bahnhofsnähe zeigt nun moderne Installationen, im Hafen ist die erste Torpedo-Abschussrampe ein Ausstellungsobjekt geworden, und im Computermuseum Peek & Poke taucht man in das 1980er-Jahre-Universum von Pacman und Joysticks ein – und darf auch selbst spielen. Ideal, wenn das Camperwetter mal nicht passt und dann zum Computerwetter wird.

Info

Camping Omišalj, Vodotoč 1, 51513 Omišalj, Insel Krk, www.camping omisalj.com

SIGHTSEEING

Imortelle-Farm, Kapelica bb, 51513 Omišalj, www.naturacon sulting.hr; römische Ausgrabungen Fulfinum Mirine in der Sepen-Bucht, www.info-krk.com/de/omi salj/kultur/69/fulfinum; DUBoak – Interpretationszentrum des maritimen Erbes der Insel Krk, Obala 21b, 51511 Malinska-Dubašnica, http://duboak.org

ESSEN UND TRINKEN

Taverne Maris am Platz; Fischrestaurant Sidro, Črišnjeva 7, 51263 Šmrika (unterhalb der Krk-Brücke auf dem Festland)

ACTION UND AUSFLÜGE

Tropfsteinhöhle Špilja Biserujka, www.spilja-biserujka.com.hr; Weindorf Vrbnik; Ausflug zur Soline-Bucht mit Heilschlamm-Strand; Ausflug nach Krk mit Kastell, Kathedrale und Haus des maritimen Erbes der Insel Krk, Frankopanska 1, Krk-Stadt; Jakobsweg Camino Krk; Bummel durch die Großstadt Rijeka mit Burgberg Trsat und Computermuseum Peek & Poke, Ulica Ivana Grohovca 3, 51000 Rijeka, www.peekpoke.hr

ANREISE

Von Rijeka kommend die Auffahrt auf die Insel Krk vom Festland aus nehmen, bald nach der Brücke Krčki most rechter Hand der Beschilderung folgen

TOURISTENINFORMATION

www.visit-omisalj-njivice.hr

Ein paar Basics für die Straße

Was man für Anreise und Roadtrip durch Kroatien wissen sollte

Andere Länder, andere Sitten? Das gilt auch für die Anreise oder den Roadtrip durch Kroatien. Halbwegs entspannt kommt man durch, wenn man einige Tipps und Vorschriften beherzigt. Faustregel: Bloß nicht am Samstag fahren! Da ist »Bettenwechsel«, und gefühlt alle sind unterwegs, zumindest im Juli und August. Dunkelrot ist die Stauampel vom 5. bis 15. August, wenn die Kroaten gleich zwei Feiertage haben: Letzterer, Mariä Himmelfahrt, ist auch in Bayern, Österreich und Slowenien arbeitsfrei, in Italien wird »Ferragosto« ebenfalls gerne für den Kroatienurlaub genutzt.

Anfahrt und Einreise

»Freie Fahrt«, ohne Personenkontrollen an den Grenzen, heißt es zwar seit dem 1. Januar 2023 – da Kroatien nun Schengen-Mitglied ist. Dennoch muss der Personalausweis mit ins Gepäck. Sind Hund oder Katz' an Bord? EU-Heimtierausweis und Mikrochip für das Haustier nicht vergessen!
Alle Wege führen nach Kroatien? Am schnellsten geht es von Süddeutschland durch Österreich und Slowenien – entweder über Ljubljana oder über Graz und Maribor. Vignetten sind Pflicht für beide Länder, in Slowenien nur noch in elektronischer Form, in Österreich auch als Klebevignette. Campingmobile über 3,5 Tonnen benötigen in beiden Ländern eine Mautbox (www.go-maut.at und www.darsgo.si).
Auf den modernen, gut ausgebauten kroatischen Autobahnen sowie der Schnellstraße in Istrien (»Istrisches Ypsilon«) wird hingegen eine streckenabhängige Maut erhoben: Bei der Auffahrt zieht man eine Karte und zahlt bei der Abfahrt für die zurückgelegte Strecke. Das geht mit Bank-/Kreditkarte oder Euro, der seit 2023 die offizielle Währung in Kroatien ist.

Im Straßenverkehr vor Ort

Wer mit dem Wohnwagen unterwegs ist, muss ein zweites Warndreieck mitführen. Ersatzlampen sind für alle vorgeschrieben. Auf Autobahnen gilt: maximal 130 km/h, für Wohnmobile über 3,5 Tonnen und Wohnwagen höchstens 90 km/h. Ende Oktober bis Ende März muss auch tagsüber mit Abblendlicht gefahren werden. Die Grüne Versicherungskarte wird empfohlen. Tritt der böenartige Fallwind Bora *(bura)* auf, werden Autobahnabschnitte und Brücken (z. B. Maslenica) zeitweise gesperrt. Die mobile App des Kroatischen Automobilklubs (www.hak.hr/de) informiert auf Englisch.
Tankstellen gibt es überall, auf den Inseln zumindest am Fähranleger. Die staatliche Reederei Jadrolinija (www.jadrolinija.hr) betreibt fast alle Fährlinien. Wichtig: Auf einem *katamaran* (Personenschnellboot) dürfen nur Fußpassagiere mit, alle anderen wählen ein *trajekt* (Autofähre).
Öffentliche Parkzonen können in manchen Städten mit der mobilen App »PayDo« bezahlt werden. Unbedingt Parkschein lösen, da »Knöllchen« via Anwalt auch ins Ausland verschickt werden!
Noch was: Wildcampen ist in Kroatien streng verboten, das gilt auch für Freistehen – an der Adriamagistrale wird gerne kontrolliert!

↑ Verschnaufen ja, Übernachten nein – Wildcampen ist streng verboten!
↖ Die Adriamagistrale säumt Kroatiens Küste.

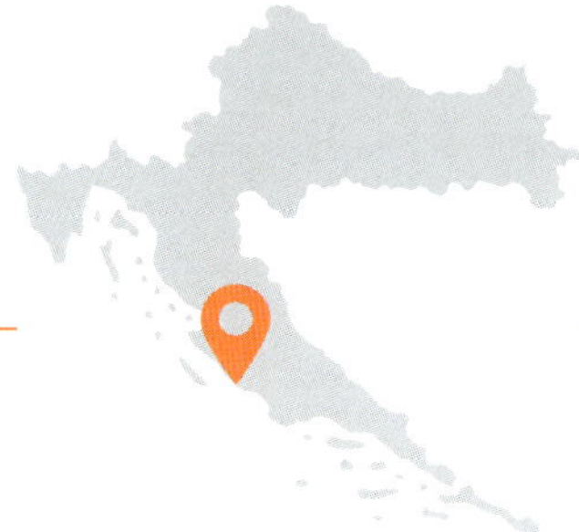

28 Ein Nickerchen unterm Olivenbaum

Bei Tisno glitzern die Sonnenschirme silbrig und grün

Luxus und nachhaltiges Camping müssen einander nicht ausschließen: Im norddalmatinischen Tisno gibt es ein Campingresort mit Luxusvillen, die aus Recyclingmaterial gefertigt wurden – und für jede Buchung wird ein Baum gepflanzt.

Der schönste Ort für ein Mittagspäuschen ist unter den Olivenbäumen, heißt es in Dalmatien. Im Olivia Green Camping muss man nicht lange nach einem Lieblingsbaum suchen. Das Resort befindet sich nämlich in einem Olivenhain mit mehreren Hundert Bäumen, die bis zu 150 Jahre alt sind. Nur einen Tick vom Meer entfernt wurden moderne Mobilheime aufgestellt. Die sind komfortabel bis luxuriös, grau, mit weißen Fenster- und Türrahmen und einem kleinen Steingarten vor der Veranda, manche sogar mit privatem Infinitypool. Drei Pools und eine Lounge Bar gehören auch dazu. Wer mit dem Wohnmobil unterwegs ist, findet terrassenförmig angelegte Parzellen, teils mit Strom, Wasser, Abwasser vor – auch mit Meerblick. Zeltcamper kommen in der Mitte der Anlage unter. Bei Sonnenuntergang ist die *mol*, die Mole, ein beliebter Platz für einen Sundowner. Hunde dürfen an einem eigenen Bereich ins Wasser. Kajak oder SUP sind für ein Stündchen im Preis inbegriffen.

Nachhaltigkeit wird hier gelebt

Genutzt wird in der Campinganlage das, was es in Dalmatien ausreichend gibt: Sonnenkraft. Damit deckt der Campingplatz ein Viertel seines Energiebedarfs. Das Wasser wird aufbereitet und für die Bewässerung der Anlage verwendet. Einwegplastik findet man hier nicht. Außerdem spenden die Betreiber für jede bestätigte Reservierung an eine Umweltschutzorganisation, die davon einen Baum pflanzt. Dass man jeden Baum ernst nimmt, wurde beim Umbau gezeigt: An dieser Stelle befand sich früher ein älterer Campingplatz, der kurz vor der Corona-Pandemie umgestaltet wurde. Beim Umbau verzichteten die Betreiber, zwei Brüder, die den bekannten Campingplatz Straško auf Pag aufgebaut haben, allerdings darauf, auch nur einen einzigen Oliven-

↗ Knorrige Olivenbäume spenden Schatten bei Tisno, mit Blick auf die Insel Murter.

baum zu fällen – und so kam es dann auch. Die Oliven werden im Herbst geerntet, das Öl kommt im Restaurant am Platz zum Einsatz. Überhaupt wird Wert auf regionale, saisonale Produkte gelegt, die von kleinen Erzeugern aus der Umgebung stammen. Tisno, das man in einer halben Stunde Fußweg erreicht, ist dem jüngeren Publikum vor allem für seine Musikfestivals bekannt: Beim »Love International« legen internationale DJs im Juli elektronische Tanzmusik auf. Tisno bietet noch eine Besonderheit – eine Klappbrücke. Die wird im Sommer täglich um 9 und 17 Uhr für eine halbe Stunde geöffnet (sonst nur dreimal pro Woche). Beim Espresso am Ufer lassen sich die Boote, die hier passieren, gut beobachten.

Info

Olivia Green Camping, Put Jazine 328, 22240 Tisno, www.oliviagreencamping.com

SIGHTSEEING

Bummel durch Tisno mit seiner Klappbrücke, die das Festland mit der Insel Murter verbindet

ESSEN UND TRINKEN

Konoba Olivia am Platz; Konoba Tereza, Put Jazine 78, 22240 Tisno; Restaurant Gina, Put Jazine 9, 22240 Tisno, www.gina.hr

ACTION UND AUSFLÜGE

Küstenweg von Tisno-Stadt nach Jezera; Bummel durch die Altstadt von Tribunj mit Cafés am Meer und Eselsrennen im August; hübsche Strände, Sport und Nightlife in Vodice; Ausflug nach Šibenik; Bootstrip im Nationalpark Kornati oder zum Naturpark Telašćica, www.pp-telascica.hr; Ausflug zum Naturpark Vransko jezero

ANREISE

Auf der Autobahn A1 die Ausfahrt 21 – Pirovac nehmen, der Beschilderung auf der Straße D 59 bis Otok Murter/Tisno folgen, vor der Brücke rechter Hand abbiegen

TOURISTENINFORMATION

www.tz-tisno.hr

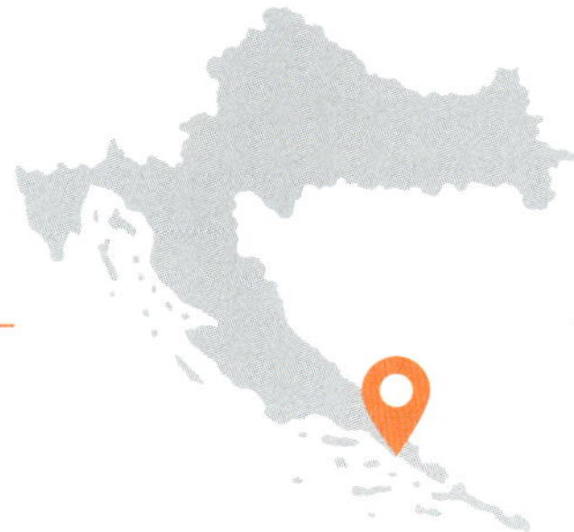

29 Eine Kugel zum Schlafen

In Podgora sind die Zelte rund

Im Badeort Podgora an der Makarska Riviera begegnen sich Berge und Meer: Die Adria ist so nah, dass man morgens als Erster ins Wasser springen kann, auch am Berg ist man rasch. Oder man genießt den Augenblick im Glamping-Zelt – das hier kugelrund ist.

Ein Bett, so breit wie das ganze Zelt? Das klingt gemütlich. Allerdings sind die Zelte, die man auf dem Medora Orbis Camping- und Glampingplatz mieten kann, nicht spitz oder kuppelförmig – sondern kugelrund. Wie große weiße Luftballons »schweben« sie auf einem Aluminiumrahmen über dem Boden. Wer sich nun fragt, wie man sich in so einem Kugelzelt umzieht oder wo man die Kleidung verstaut: Das Mobilheim nebenan gehört dazu, mit Wohnbereich, Küche und Bad – die Kugel ist die Schlafstätte. Auf der überdachten Terrasse ließe sich der ganze Tag im Schatten verbringen. Doch dazu ist die Lage des Platzes einfach zu gut. Die Adria breitet sich direkt unterhalb des Areals aus, das sich terrassenförmig an den Hang schmiegt. Auf dem Weg dorthin kommt man am Zeltbereich vorbei, aber auch an den Parzellen für Campingfahrzeuge, die geschottert sind und durch locker gepflanzte Büsche voneinander abgetrennt werden.

Fürs Radl zahlt man nicht

Der Platz wurde auf dem Gelände eines Vorgänger-Campingplatzes neu angelegt. Entsprechend modern sind die Sanitäranlagen, die Waschmaschinen dürfen sogar kostenlos genutzt werden. Das gilt auch für Fahrräder, die man hier ausleihen kann. Ein Grill gehört dazu, und der überdachte Essbereich mit Bänken und Tischen ist ein guter Treffpunkt, um mit anderen Campern zu plaudern. Für Kinder gibt es einen kleinen Spielplatz, und Hunde bekommen zur Begrüßung ein Leckerli. Wer in Form bleiben will, kann den Fitnessraum des Nachbarhotels mitnutzen, das den gleichen Betreiber hat.
Podgora mit seinem malerischen kleinen Hafen, den Cafés und Restaurants ist über den Uferweg erreich-

→ Der Strand erstreckt sich direkt am Platz.
→ Im Mobilheim übernachten Gäste oberhalb der Campingparzellen.

bar. Man muss also nicht an der Adriamagistrale entlang, die ein Stück oberhalb des Campinggeländes verläuft, und den Ort – wie viele andere an der Makarska Riviera – in zwei Hälften trennt. Dort beginnen Wanderwege ins Biokovo-Gebirge, das als Naturpark unter staatlichem Schutz steht. Hier sind schöne Urlaubsfotos garantiert – vor allem solche, auf die Berge und Meer gemeinsam passen.

Info

Medora Orbis Camping & Glamping, Put Sv. Vincenca bb, 21327 Podgora, www.medorahotels.com

SIGHTSEEING
Bummel entlang der Uferpromenade in die Altstadt von Podgora (10 Fußminuten); monumentales Partisanendenkmal Galebova krila (Möwenflügel) in Podgora; Olivenölverkostung und Führung durch die Ölmanufaktur Uljara & Kušaonica Acinger, Ruđera Boškovića 20, 21327 Podgora; Turmruine Roščić bei Gornja Podgora

ESSEN UND TRINKEN
Restaurant und Pizzeria Ahipara, Obala Petra Krešimira IV 21, 21327 Podgora, www.vila-pasko.hr; Portobello Bar Pizzeria, Obala Petra Krešimira IV 75, 21327 Podgora

ACTION UND AUSFLÜGE
Markierte Wanderwege oberhalb von Podgora im Biokovo-Gebirge; Ausflüge in den Naturpark Biokovo mit Skywalk und Gipfel Sveti Jure (1762 m), www.pp-biokovo.hr; Zipline Tučepi, www.tipextreme.hr; Türkischer Wehrturm Žakina kula mit fotogenem Glockenturm der Kirche Muttergottes vom Rosenkranz (Gospa od Ružarija) in Igrane; Marien-Wallfahrtsort Veprić; Stadtbummel in Makarska

ANREISE
Autobahn A1 bis Ausfahrt 29 – Zagvozd nehmen, entlang der Küstenmagistrale D 8 bis zum südlichen Ortsrand von Podgora, dort abbiegen (Beschilderung)

TOURISTENINFORMATION
www.tz-podgora.hr

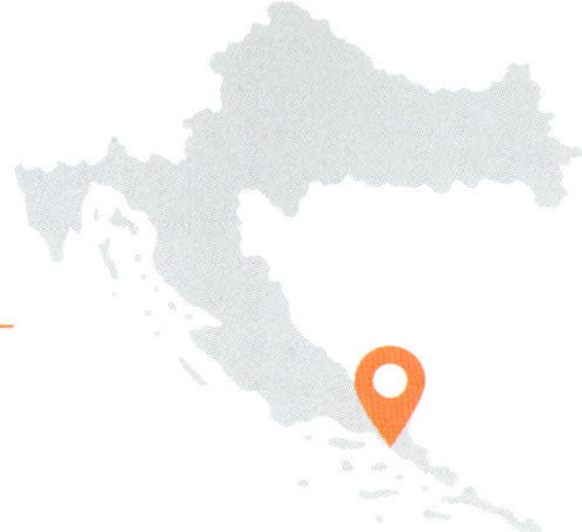

30 Wo Gäste wie ein Schatz empfangen werden

Bei Drvenik nächtigt man in einer abgeschotteten Bucht

Die Lage ist wunderbar: vorne das Meer, hinten die schroffen Ausläufer des Biokovo-Gebirges. Und mittendrin ein gepflegter familiärer Campingplatz mit einer kleinen, abgeschotteten Badebucht.

Mal unter uns: Wer würde bei diesem wunderbaren Namen nicht sofort auf das Bremspedal treten und hier stoppen? Milo Moje heißt der kleine, familiäre Platz, der direkt neben der Adriamagistrale an der Makarska Riviera auftaucht. »Mein Liebes (Schatz)«, so die deutsche Übersetzung für diesen Kosenamen. Schöner kann man Gäste kaum begrüßen! Der Praxistest folgt prompt auf dem Parkplatz: Die Chefin, Anita, ist so herzlich, als würde sie alte Freunde empfangen. Da bleibt man gerne! Terrassenförmig und sonnenverwöhnt senkt sich der Platz zu einer Meeresbucht hin ab, ein breiter Weg leitet Campingmobile hindurch. Richtig schattig ist es nirgendwo, dazu sind die Olivenbäume noch zu jung. Gemeinsam mit den Natursteinmauern umsäumen sie die Parzellen und verleihen dem Platz ein mediterranes Flair. Die erste Reihe gehört den modernen, komfortablen Mobilheimen – mit Terrasse, Bad und Küche. Ein paar Stufen unterhalb führen zu dem kleinen, privaten Kieselstrand mit

← Mobilheime, ganz vorne – mit Meerblick!
↗ Das perfekte Reiseziel für eine Kombination von Wander- und Badeurlaub

Liegen. Den Strand teilt man sich zwar mit dem benachbarten, schattigeren Campingplatz, dennoch bleibt man unter sich – denn die Betreiber grillen abends abwechselnd, mal Fleisch, mal Fisch.

Grillabende in der lauschigen Bucht

Milo Moje ist ein schöner, ruhiger Platz für Familien mit Kindern, die sich hier frei bewegen können, ohne erst die Adriamagistrale überqueren zu müssen. Die verläuft nämlich direkt oberhalb des Platzes, was tagsüber für ein gewisses Grundrauschen sorgt. Nachts ist es jedoch ruhig. Die Lage ist zwar prima zum Entschleunigen, für Hundebesitzer jedoch nicht ganz optimal: Wer lange Gassi-Strecken mag, findet unten keinen Uferweg, da die steile Bucht von Felsen umsäumt ist. Dazu muss man zunächst hinauf auf die Küstenmagistrale, ehe man ins Gebirge abzweigen kann.
So nah wie hier, an der Makarska Riviera, begegnen sich Berge und Meer anderswo selten. Das muss natürlich ausgenutzt werden: für eine Mini-Wanderung oberhalb von Drvenik, mit Panoramablick, und ins Rilić-Gebirge, einem flacheren Ausläufer des Biokovo-Gebirges. Noch mehr Sightseeing? Der Blick vom Platz fällt hinüber auf die Halbinsel Pelješac, die für ihren Rotwein und die Austernzucht bekannt ist und mit einer spektakulären Brücke nun gut zu erreichen ist. Noch näher ist allerdings die Insel Hvar, von Drvenik – nur wenige Kilometer südlich – legen die Autofähren der Reederei Jadrolinija dorthin ab. Der Campingplatz ist perfekt, um gleich morgens dorthin überzusetzen.

Info

Camping Milo Moje, Donja Vala 1e, 21333 Drvenik, www.milomoje.com

SIGHTSEEING
Kirche Sveti Petar und Aussichtspunkt Kolovrat oberhalb von Strnj

ESSEN UND TRINKEN
Bar und Grill am Platz; Ausflugslokal Izletište Kod Grge (bei Grga), Gornja Vala 37, 21333 Drvenik, https://agroturizam-strnj.jimdosite.com

ACTION UND AUSFLÜGE
Wanderung ins Rilić-Gebirge oberhalb von Drvenik mit Besteigung der Driveničke stine (655 m); Staro selo mit Georgskirche (Sveti Juraj), Festungsruine (Fortifikacijska utvrda) Gradina, dem Aussichtspunkt (Vidikovac) Gradina, einem mittelalterlichen Grabstein (Stećak) Kostanića greb, sowie Resten einer illyrischen Siedlung (Ilirsko naselje); Tagesausflug mit der Jadrolinija-Autofähre von Drvenik nach Sućuraj auf der Insel Hvar mit Hafen, Strand und kleinem Leuchtturm; abendliche Fahrt mit dem Panoramaboot ab Drvenik

ANREISE
Auf der Autobahn A1 die Ausfahrt 29 – Zagvozd nehmen, die Adriamagistrale D 8 durch Drvenik hindurchfahren in Richtung Živogošće, direkt neben dem Campingplatz Kamp Male Čiste

TOURISTENINFORMATION
www.drvenik.hr

31 Würfelförmige Häuschen am Hang

Ohne Remmidemmi campen bei Ploče

Gepflegte kleine Häuschen staffeln sich am Hang übereinander, von oben fällt der Blick auf das Meer in der Ferne. Alles, was man hier machen muss, ist, den eigenen Modus auf »Abschalten« umzustellen – kein klassisches Camping.

Gleitet man die Adriamagistrale nach Süden in Richtung Ploče, tauchen linker Hand strahlend weiße Häuschen am Hang auf, inmitten von einsamen Olivenbäumen, Macchia und kargen Felshängen: Mit ihren tiefblauen Fensterläden, ein Kontrast zur kalkweißen Fassade, erinnern sie ein wenig an die griechische Postkarteninsel Santorini. Natursteinstufen, neu angelegt wie alles hier, führen zur Rezeption hinauf. Die Anlage ist terrassenförmig, tiefrote Rosen bilden im Sommer warme Farbtupfer.

Irgendwo im Nirgendwo

Alles wirkt sehr gepflegt und tipptopp. Zelturlaub mit dem Rucksack? Van-Life mit dem Bulli? Dazu sind andere Plätze da. Hier gibt es nämlich nur Mobilheime, darauf wird im Namen schon verwiesen – um Missverständnissen gleich vorzubeugen, falls jemand mit Hering, Hammer und Zeltgestänge auftauchen sollte. Also »Camping« schon, nur eben nicht klassisch, sondern mit einem Dach über dem Kopf – plus hölzernen Liegen, makellosem Parkettboden und blank polierten Weingläsern im Küchenschrank.
Wer in den Supermarkt will, braucht ein Fortbewegungsmittel. Zum Meer hinunter ebenfalls. Zum Hotelrestaurant Galeb und einer Kirche, ein Stück unterhalb, kommt man allerdings zu Fuß. Dafür ist man in der Anlage unter sich, irgendwo im Nirgendwo. Die Zeit verbringt man an einem der beiden Pools, die abends stimmungsvoll beleuchtet werden, oder bei einem guten Buch und kommt einfach runter. Entschleunigung pur. Von den freundlichen Betreibern lässt man sich mit Grillgemüse oder Fisch bekochen. Den Müßiggang unterbrechen? Sightseeing? Ans Meer fahren? Kann man alles machen, aber vielleicht später. Erst einmal Energie tanken – dazu ist die wildromantisch-felsige Einöde gut. Nur das Rauschen der Adriamagistrale unterhalb erinnert daran, wo man gerade ist.

↗ Mostar lohnt unbedingt einen Tagesausflug!
← Blau-weiße Gemütlichkeit am Hang

Info

Grot Camping Homes, Zavod 1, 20340 Baćina, https://grotcampinghomes.com

SIGHTSEEING
Italienische Spähposten bei Ploče

ESSEN UND TRINKEN
Restaurant Galeb, Adriamagistrale/D 8, 20340 Baćina, www.galeb.com.hr; Restaurant Naše malo misto (»Unser kleiner Ort«), Stari porat 1, 21330 Gradac

ACTION UND AUSFLÜGE
Bootspartie auf den Seen Baćinska jezera; Wanderung auf den Berg Sveti Ilija im Biokovo-Gebirge (761 m); Neretva-Delta und Neretva-Mündung bei Ploče; Ausflug nach Bosnien-Herzegowina mit den Kravica-Wasserfällen, dem Wallfahrtsort Međugorje und der Altstadt von Mostar

ANREISE
Autobahn A1 bis Ploče, dann der D 425 in Richtung Ploče folgen und entlang der Adriamagistrale/D 8 bis kurz vor Baćina

TOURISTENINFORMATION
https://visitploce.croatia.hr/de-de

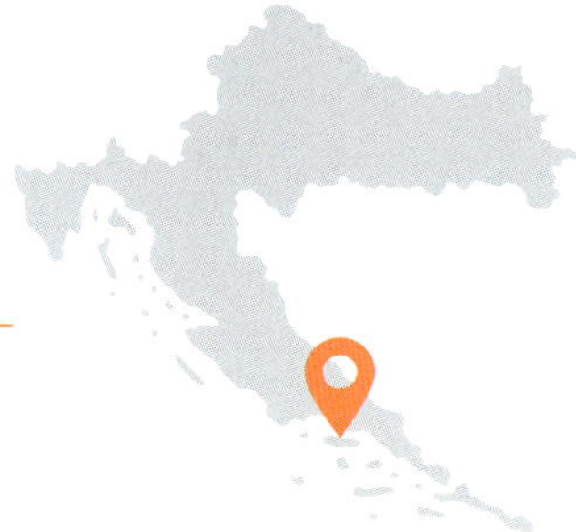

32 Reif für die Insel

Brač spendet Abwechslung vom Festland

Brač gehört zu den größten Inseln Kroatiens und ist für grüne, felsig-herbe Naturlandschaften, gutes Olivenöl, marmorähnlichen Kalkstein und seinen Postkartenstrand Zlatni rat bekannt. Beim Camping in Supetar genießt man das ruhige Inselleben in einer Bucht.

Wer mit der Autofähre aus Split anreist, hat die erste Inselbegegnung auf Brač mit Supetar an der Nordküste. Den Hauptort der Insel durchziehen steinerne Gassen, eine Uferpromenade, Restaurants und Cafés. Von hier sind es nur ein paar Serpentinen und wenige Fahrminuten bis zur Parzelle oder dem gebuchten Mobilheim. Auf dem Campingplatz Bunja in einer ruhigen Bucht gibt es alles, was zu einem Dalmatien-Urlaub irgendwie dazu gehört. Der Duft der Schatten spendenden Pinien über den Parzellen vermengt sich mit Rosmarin und Lavendel, Zikaden zirpen um die weibliche Gunst, und traditionelle Natursteinmauern lockern den Platz optisch auf. Das terrassierte Gelände ist mit feinem Kies geschottert, die Parzellen sind mit Strom-, Wasser- und Abwasseranschluss ausgestattet. Der weiße Kiesstrand unterhalb schmiegt sich einen halben Kilometer lang an die Bucht Babin laz – und ist für alle da. Wer in Form bleiben will, mietet sich dort ein Seekajak oder ein Stehpaddelbrett. Bei einem Sundowner in der Strandbar – mit Restaurant – lässt sich der Sonnenuntergang perfekt genießen. Eltern, aufgepasst: Der Spielplatz ist gleich nebenan, aus dem Sundowner können daher getrost zwei werden (ohne Gewähr!). Auch eine *bunja* fehlt nicht. Hinter der Namensgeberin des Campingplatzes verbirgt sich der Nachbau einer traditionellen, steinernen Rundhütte, die Hirten Schutz vor Unwetter bot. In Trockenbauweise wurde dabei Stein auf Stein aufeinandergeschichtet – das hält perfekt, ganz ohne Mörtel.

Ein sichelförmiges Postkartenmotiv

Die meisten Urlauber kommen allerdings wegen ihm: dem Strand Zlatni rat, dem Goldenen Horn. Der berühmteste Strand Kroatiens erstreckt sich bei Bol an der Südküste. Je nach Wind und Wellen ändert er

↗ Parzellen mit Natursteinmauern erwarten Camper auf der Insel Brač.

sein Aussehen, krümmt sich mal nach links, mal nach rechts. 600 Meter ist die schmale Landzunge lang, in der Mitte von Pinien beschattet – und im Sommer rappelvoll. Wer gerne aktiv ist, schaut sich den Traumstrand einfach von oben an, bei einer Wanderung auf den höchsten Inselberg, Vidova gora (778 m). Das Felsenkloster Blaca ist eine Einsiedelei, die unter einem steilen Felsen klebt. Ein Highlight ist auch die Drachenhöhle in Murvica. Das 3000 Jahre alte Örtchen Škrip lockt mit dem Ölmühlenmuseum und Verkostung – und niemand sollte Brač verlassen, ohne das vorzügliche Olivenöl gekostet zu haben!

Info

Boutique Camping Bunja, Babin laz, 21400 Supetar, Insel Brač
www.campingbunja.com

SIGHTSEEING
Bummel durch Supetar

ESSEN UND TRINKEN
Konoba Kala, Kala 7, 21400 Supetar, www.konobakala.com; Restaurant Vinotoka, Ulica Ignjata Joba 6, 21400 Supetar, https://konobavinotoka.eatbu.hr

ACTION UND AUSFLÜGE
Drachenhöhle (Zmajeva špilja), Murvica; ehemaliges Einsiedlerkloster Blaca; Olivenölverkostung und Mühle, www.muzejuja.com; Heimatmuseum in Škrip, www.czk-brac.hr; Windsurfen und Sonnenbaden am Goldenen Horn bei Bol

ANREISE
Autofähre Split–Supetar (Insel Brač), dann über die Ulica Hrvatskih velikana der Ulica Malačnica folgen, am Camping Waterman Beach Village vorbei (Beschilderung). Entfernung Fährhafen–Campingplatz: 2,5 km

TOURISTENINFORMATION
www.supetar.hr, www.bol.hr

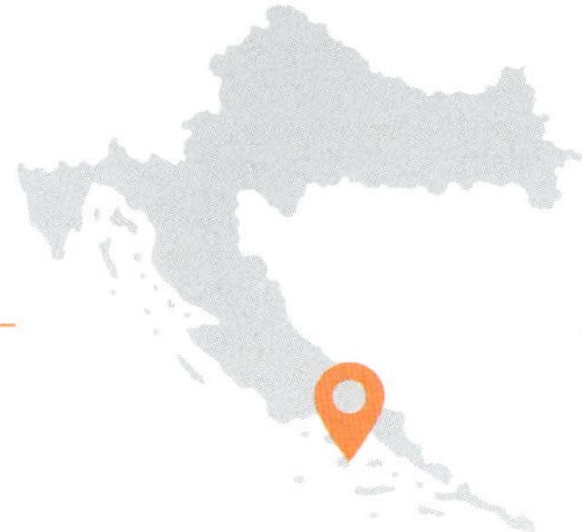

33 Robinson im Luxuszelt

Glamping auf der Lavendelinsel Hvar

Hier lohnt sich die Fährüberfahrt – auch mit dem Campingfahrzeug. Die Inselhauptstadt glitzert mondän, anderswo präsentiert sich Hvar mal blumig, mal felsig – oder abgeschottet, wie auf diesem familiären Platz, der perfekt für Sommerfluchten ist.

Das Erste, was die Zehenspitzen am Morgen berühren, ist kein schnöder Zeltboden aus Plastik – sondern ein glatt geschliffener Holzbelag. Zur Morgentoilette verschwindet man bei Plage Cachée Glamping nicht in ein kollektives Waschhaus, sondern ins eigene Bad. Und das, ohne erst die Holzveranda vor dem Zelteingang überqueren zu müssen, denn geduscht wird in einem separaten Zeltabschnitt. Der ist nur wenige Schritte von Kingsize-Bett, Schreibtisch und Regiestuhl entfernt. Alles im Boho-Stil, in warmen Naturtönen, die ein wenig Safari-Gefühl vermitteln. So sehen die fünf Glamping-Zelte in dieser naturbelassenen Anlage aus. Mehr sind es nicht, alles ist hier ziemlich exklusiv. Sogar der private Felsstrand unterhalb, der eine Handvoll Liegestühle und einen Bootsanleger bereithält, falls man der Abgeschiedenheit mal entkommen will. Wer mit Freunden campt, kann die kleine Anlage auch komplett für sich buchen – mehr Privatsphäre geht kaum.

← Safari-Zelte inmitten mediterraner Natur
↗ Robinson-Feeling auf der Insel Hvar

Eine Frage ist durchaus berechtigt: Ist das überhaupt noch Camping? Anhänger des Glamping, also der luxuriösen Campingvariante, dürften nun zustimmend nicken. Wer unter »echtem« Zelturlaub hingegen eher ein kuscheliges Miteinander auf der Isomatte versteht, wird nun möglicherweise kopfschüttelnd weiterblättern. Um allen Freiluftfans gerecht zu werden: Innen haben die gut ausgestatteten Glamping-Zelte wenig mit klassischem Zelturlaub zu tun, das stimmt. Doch im Outdoor-Bereich ist alles wie gewohnt: mitten in der mediterranen, rauen Inselnatur und mit einer Freiluftküche für alle ausgestattet. Dort lässt sich das frische Gemüse, das man im Garten nebenan pflücken darf, knackigfrisch verarbeiten. Recht naturbelassen, um es mal freundlich zu formulieren, ist auch der Weg vom ehemaligen Fischerdorf Vrboska in Richtung Basina-Bucht – über eine Schotterpiste.

Jachten blitzen an der Promenade

Wer Hvar im Frühsommer besucht, kann die Lavendelblüte rund um die Dörfer Brusje und Grablje in der Inselmitte erleben. Dann verwandeln sich weite Felder in lila Farbteppiche, und die »Lavendelinsel« Hvar zeigt sich von ihrer schönsten Seite.
Die gleichnamige Inselhauptstadt Hvar hingegen gehört zu den mondänsten Orten in ganz Kroatien. Promis aus aller Welt ankern hier gerne mit ihren Jachten entlang der palmengesäumten Uferpromenade. Von der Spanischen Festung auf dem Berg hat man einen traumhaften Blick: Versprenkelt breiten sich die winzigen Inselchen Pakleni otoci aus. Taxiboote drehen dort ihre Runden, sei es zu Badebuchten oder nächtlichen Partys.
Ruhiger als in Hvar-Stadt geht es in Stari Grad im Norden der lang gestreckten Insel zu, wo Besucher mit der Autofähre aus Split ankommen. Vrboska, der nächste Ort vom Glampingplatz, lohnt mit seinem kleinen Fischermuseum und einer ungewöhnlichen Wehrkirche. Winzige Brücken spannen sich durch den Ort – wunderbar, falls man mal der Einsamkeit auf dem Platz entkommen will.

Info

Plage Cachée Glamping, Uvala Basina, 21463 Vrboska, Insel Hvar, www.plagecachee.com

SIGHTSEEING
Fischermuseum Vrboska, https://muzejopcine jelsa.hr/ribarska-zbirka; Wehrkirche in Vrboska

ESSEN UND TRINKEN
Restaurant Trica Gradelin, Vrboska 404, 21463 Vrboska; Restaurant Mediteran, Vrboska 163, 21463 Vrboska

ACTION UND AUSFLÜGE
Taxiboot ab Vrboska auf die vorgelagerte Insel Zečevo; Spazierweg von Vrboska nach Jelsa; Bummel durch Jelsa mit kleinem Hafen; Rundwanderung (5 km) von Jelsa zur altgriechischen Burgruine Tor, www.jelsa-heritage.com; Hvar-Stadt mit Festung Španjola, Uferpromenade und Arsenal; Fahrradtour durch die antike parzellierte Ebene von Stari Grad, www.visit-stari-grad.com; Bummel durch Stari Grad mit Besuch des Renaissanceschlösschens Tvrdalj

ANREISE
Ab Split mit der Autofähre nach Stari Grad, dort der Beschilderung nach Vrboska bzw. Jelsa nach Osten folgen

TOURISTENINFORMATION
www.vrboska-heritage.com

Manchmal umspielen Nebelschwaden das Velebit-Gebirge – wie hier auf dem Campingplatz Rizvan City.

Wohlfühlplätze mit Bergblick

Schroffe Felsformationen, schäumende Wasserfälle und waldgrüne Hügel: Kroatien bietet mehr als nur eine zerklüftete Küste für Sonnenanbeter und Wasserratten, sondern auch wunderbare Bergwelten. Wer die Adria hinter sich lässt und das Landesinnere ansteuert, gelangt schon nach wenigen Kilometern in eine ganz andere Welt.

Mächtig bäumen sich die Berglandschaften mit ihren gezackten Gipfeln hinter der Küste auf – etwa das Velebit-Gebirge in Norddalmatien oder die Biokovo-Kette entlang der Makarska Riviera südlich von Split. Für Outdoor-Erlebnisse wie Rafting bieten sich die drachengrüne Zrmanja-Schlucht an oder die Flüsse im grünen Bergland südlich von Karlovac. Dort gehört der Nationalpark Plitvička jezera mit gleich mehreren Campingplätzen zu den ganz großen Naturhighlights. Schäumende Wasserfälle und Kaskaden bezaubern auch im Nationalpark Krka in Mitteldalmatien. Ganz im Osten des Landes, in Slawonien, ist das Mittelgebirge Papuk hingegen noch fast ein Geheimtipp für Outdoor-Erlebnisse – mit knackendem Holz, klarem Sternenhimmel und frischer Luft.

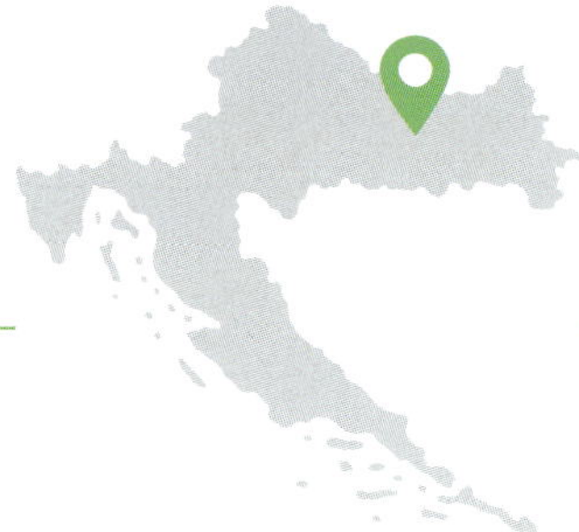

34 Wo der Berg mal eine Insel war

Im Naturpark Papuk wacht man mit Bachblick auf

Die Kuppen des Gebirgszugs Papuk sind rund, bewaldet und nicht so karg und schroff wie in Dalmatien. Mitten in Slawonien, einer sonst flachen, fruchtbaren Ebene im Osten Kroatiens, erhebt sich der Naturpark Papuk – mit einem sattgrünen Campingplatz.

Reine Luft, klarer Sternenhimmel und grüne Wälder: Fast noch ein Geheimtipp ist dieser ruhige, einfache Campingplatz mitten im Naturpark- und UNESCO-Geopark Papuk. Ein hügeliges Mittelgebirge, das Wanderwege, Burgruinen und dichte Baumkronen prägen – und über dem der namensgebende Berg Papuk (953 m) wacht.
Auf einer Waldlichtung, umringt von haushohen Laub- und Nadelbäumen, erstreckt sich der Campingplatz Duboka, unweit der Ortschaft Velika. Campingmobile, die hier ankommen, durchqueren das breite Holztor und steuern die hintere Hälfte des Platzes an. Dort gibt es betonierte Parzellen mit Strom- und Wasseranschluss. Wer mit dem Zelt unterwegs ist, braucht keinen Hammer, sondern baut sein Domizil auf der grünen Wiese im vorderen Geländeabschnitt auf. In der Mitte des Platzes: die holzgetäfelte Rezeption, ein kleiner Spielplatz und die Sanitärräume mit Solardusche, die durch Sonnenkraft erwärmt wird. Alles wirkt sehr gepflegt und modern. Überhaupt wurde der kleine, familiäre Platz, den die Naturparkverwaltung betreibt, erst vor wenigen Jahren angelegt.
Kein Restaurant, kein Geschäft, keine Extras. Alles ist hier auf klassisches, naturnahes Camping ausgerichtet – und entsprechend trifft man unkomplizierte Outdoor-Fans, darunter überproportional viele Kroaten mit Zelten. Sogar eine Kindergruppe ist da, aber auch ein paar internationale Campingmobile auf dem Weg nach Süden. So die Momentaufnahme an einem sonnigen Campingtag Ende Juli. Eigentlich ist in Kroatien Hochsaison, doch hier ist es angenehm ruhig – kein Vergleich zu den trubeligen Plätzen an der Adria um diese Jahreszeit.
Der schönste Platz für Zeltcamper findet sich direkt an dem kleinen Bach, der hier gemütlich hindurchfließt. Zippt man den Reißverschluss auf, fällt der

→ **Mit dem Kajak lassen sich schöne Touren im Waldpark Jankovac unternehmen.**

erste Blick am Morgen direkt aufs Wasser – und auf den kleinen Klettergarten gegenüber, der in den Wald eingebettet wurde. Beim Frühstück am Holztisch nebenan ist es hier noch seelenruhig. Später hangeln sich ein paar Besucher mit Schutzhelmen von Ast zu Ast. Andere leihen sich hier ein Fahrrad, um damit die Gegend zu erkunden.

Auf den Spuren des Urzeit-Meeres

Bis in den Ortskern von Velika, wörtlich »die Große«, ist es nicht weit. Auf dem Weg dorthin kommt man an einem modernen Aquapark mit Rutschen und bequem wirkenden Loungepolstern vorbei. Ein Stück weiter wirbt das Terrassenrestaurant Čiča Mata am Bach für *Fispaprikas* (sprich: »Fischpaprikasch«), einen paprikaroten Fischeintopf, in dem sich unter anderem Karpfen und Wels mit reichlich Knoblauch vermengen. Ungarn ist nah, und das Restaurant wird am Abend gleich ausprobiert – und unbedingt empfohlen! Doch erst folgt beim Spaziergang der Bahnhof rechter Hand, dessen Schienenstränge ins hübsche Barockstädtchen Požega führen, das einen Ausflug lohnt. Bald darauf erreicht man in Velika das Besucherzentrum des Naturparks Papuk mit einem frei zugänglichen Mini-Gesteinspark auf der gegenüberliegenden Straßenseite. In der modernen, interaktiven Ausstellung im Besucherzentrum dreht sich alles um das Pannonische Meer, das hier vor 25 Millionen Jahren die Gegend flutete – und Fossilien hinterlassen hat, die man hier bestaunen kann. Das Papuk-Gebirge war einst eine Insel in dem Urzeitmeer, von dem nur der See Sovsko jezero geblieben ist – der allerdings touristisch wenig erschlossen ist.

Roadtrip zu den Winzern

Wer den Naturpark Papuk entdecken will, sollte mobil sein. Auf einem kleinen Roadtrip lassen sich viele Winzer besuchen, die sich rund um den bekannten Weinort Kutjevo, aber auch bei Vetovo angesiedelt haben. Den Welschriesling, Graševina, aus Kutjevo findet man auch in den »Balkan-Ecken« deutscher oder österreichischer Supermärkte. Neben der Kutjevačka Graševina sollte man sich die Namen Krauthaker und Galić einprägen.
Eines der schönsten Highlights im Naturpark Papuk ist jedoch der Waldpark Jankovac, für den bei der Zufahrt eine kleine Gebühr fällig wird: zwei Seen mit Kajakverleih, eine Berghütte in Parkplatznähe und ein gemütlicher, nicht allzu langer Rundweg des Grafen Jankovac, der zum Skakavac-Wasserfall führt. Das sollte man erleben, wenn man in der Region unterwegs ist. Sobald man den Waldpark verlässt und andere Wanderpfade einschlägt, trifft man nur wenige Wanderer. Im Sommer ohnehin nicht, wenn es die meisten Kroaten ans Meer zieht. Dann kann es im weitläufigen Slawonien zwar recht warm werden, doch im waldreichen Papuk gibt es viel Schatten – und vor allem viel Ruhe und Erholung.

↗ Zeltcamper fühlen sich in Velika pudelwohl.
← Ein ganz besonderer Ausflugsort: der Waldpark Jankovac im Naturpark Papuk

Info

Kamp odmorište Duboka, Ulica Franje Cirakija 21 k, 34330 Velika, https://campsite-duboka.business.site

SIGHTSEEING

Besucherzentrum Kuća Panonskog mora (Haus des Pannonischen Meeres), Stjepana Radića 46, 34330 Velika, www.kucapanonskogmora.hr

ESSEN UND TRINKEN

Restaurant und Pizzeria Shhhuma, Ulica Franje Cirakija bb, 34330 Velika, www.shhhuma.com; Terrassenrestaurant Čiča Mata, Stjepana Radića 66, 34330 Velika

ACTION UND AUSFLÜGE

Adrenalinpark und Fahrradverleih am Platz; Aquapark Shhhuma, Ulica Franje Cirakija bb, 34330 Velika, www.shhhuma.com; mehrere Wanderwege und Lehrpfade (Turjak, Lapjak) rund um Velika; Festung Velika; Sportkletterfelsen bei Velika; Skakavac-Wasserfälle im Waldpark Jankovac; Badesee Orahovica; Wanderung von Orahovica zur Burgruine Ružica grad und zum Aussichtspunkt Petrov vrh bis zum Berg Krndia mit dem Gipfel Kapovac (793 m); Stadtbummel mit Bahnanreise im Barockstädtchen Požega

ANREISE

Autobahn A 3 bis Ausfahrt 12 – Nova Gradiška nehmen, D 51 bis Velika folgen und im Ort rechts halten in Richtung Campingplatz/ Adrenalinski park Duboka

TOURISTENINFORMATION

www.pp-papuk.hr

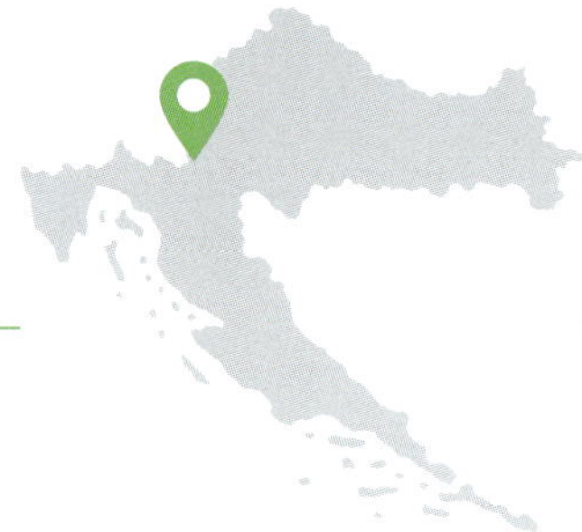

35 Flusscamping an der Mrežnica

In Duga Resa wird Rafting und Baden großgeschrieben

Strandleben geht nur an der Adria? Von wegen! Am wildromantischen Karstfluss Mrežnica südlich von Karlovac treffen sich Outdoor-Fans in sattgrüner Natur zum Baden, Kajakfahren oder einfach nur zum Ausschlafen – auf halbem Weg ans Meer.

Viele Camper aus Deutschland stoppen gerne bald nach der slowenischen Grenze, »auf halber Strecke ans Meer«. Erst mal nur für eine Nacht, dann aber immer wieder. Es soll sogar Freiluftfans geben, die es gar nicht an die Adria geschafft haben, weil sie es hier so schön fanden. Gründe gibt es viele, auf dem Campingplatz Slapić südlich von Karlovac abzusteigen, einmal weil der Karstfluss Mrežnica im Sommer so angenehm warm ist (24 °C). Oder weil das Wasser so blitzblau und drachengrün zugleich schimmert. Weil die Travertin-Barrieren den Fluss so schön aufschäumen. Weil man hier seine Angel einfach ins Wasser hängen kann, um ein paar Regenbogenforellen zu fischen (und weil man den Angelschein ohne lange Wege an der Rezeption bekommt!). Weil man auf der Holzbrücke am Fluss nie allein ist, sondern immer jemanden trifft, mit dem man beherzt ins Wasser springen kann. Und schließlich, weil sich die Mrežnica so gut fürs Rafting eignet – und das Kajak schon vor Ort wartet.

Blitzblau lockt der Badespaß

In dieser hügeligen, grünen Traumlandschaft wird direkt am Fluss gecampt. Kiefern spenden Schatten, die Stellplätze sind großzügig geschnitten, mit Wasser- und Stromversorgung. Wer zu zweit unterwegs ist, kommt auch in funktionalen Holzzelten mit rustikaler Veranda unter. Mehr Platz bieten Mobilheime, die mit Küche und Bad ausgestattet sind.
Noch mehr Flusswelten erleben? Vom Campingplatz aus lässt sich die sternförmig angelegte »Bierstadt« Karlovac gut erkunden. Sie erstreckt sich an vier Flüssen – Mrežnica, Korana, Kupa und Dobra. Wer sich für die Geschichte Kroatiens interessiert, sollte das Museum des Heimatkrieges in Karlovac-Turanj besuchen, das sich in einer altösterreichischen Kaserne befindet. Im Krieg der 1990er-Jahre verlief

→ Knallgelbes Gummiboot bei Duga Resa
→ Wasserspaß auf der Mrežnica

hier die Front. Die komplett zerschossene Fassade wurde mit einer Glashülle überzogen, im Inneren informiert eine Ausstellung – auch auf Englisch –, wie es zum Krieg kam, und wie fatal er seinen Lauf nahm. Auf der Außenfläche gruppiert sich militärisches Gerät wie Artillerie, Panzer und Hubschrauber. Erschütternd, aber ein Teil der kroatischen Realität – fernab der trubeligen Adriaküste.

Info

Kamp Slapić, Mrežnički brig bb, 47250 Duga Resa, www.campslapic.hr

SIGHTSEEING

Otok Ljubavi (»Liebesinsel«) im Fluss Mrežnica, 47250 Mrežničke poljice; Muzej Domovinskog rata (Museum des Heimatkrieges), Turanj 2, 47000 Karlovac-Turanj, www.mgk.hr; Süßwasseraquarium am Fluss: Aquatika, Ulica Branka Čavlovića 1a, 47000 Karlovac, www.aquariumkarlovac.com; Burg Stari grad Dubovac, Zagrad-Gaj 5, 47000 Karlovac, www.mgk.hr

ESSEN UND TRINKEN

Restaurant am Platz; Strandbar mit Grill-Klassikern: Otok ljubavi, Mrežničke poljice bb, 47250 Mrežničke poljice; Restaurant Prva postaja, Ulica dr. Ivana Banjavčića 37a, 47250 Duga Resa

ACTION UND AUSFLÜGE

Stadtbummel in Karlovac; Mühldorf und Wasserfälle von Rastoke-Slunj; Nationalpark Risnjak, www.np-risnjak.hr

ANREISE

Slowenische Autobahn A2 ab Ljubljana über Novo Mesto in Richtung Karlovac bis ins kroatische Duga Resa, dann Straße D23 in Richtung Senj bis Belavići fahren und den Fluss Mrežnica überqueren (Beschilderung)

TOURISTENINFORMATION

www.visitkarlovac.hr

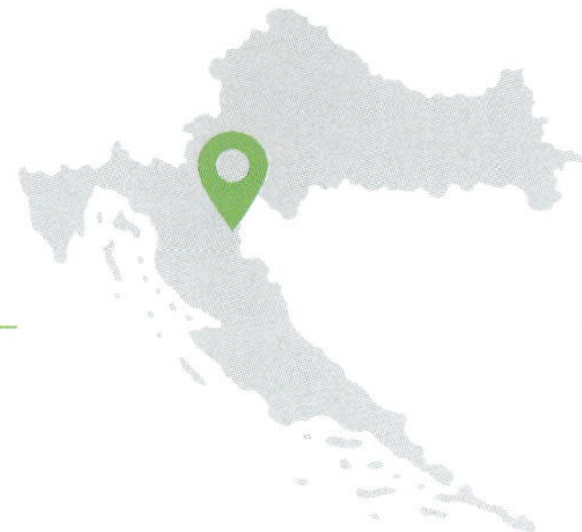

36 Eine Nacht im Tipi an den Plitvicer Seen

Im Reich der Bären, Wölfe und Luchse

Falls es so etwas wie einen »Allrounder« unter den kroatischen Campingplätzen gibt, so hat dieser gute Aussichten auf den Titel: Baumhäuser, Tipi-Indianerzelte, Chalets am See und Stellplätze – alles da. Auch klassisches Camping geht hier, sogar im Winter.

Wer hat als Kind nicht mal davon geträumt, in einem pfeilspitzen Tipi zu wohnen? Schon beim Anblick der sechs kreisrunden Zelte auf dem Campingplatz Plitvice Holiday Resort wird das Kopfkino angeworfen, und Kindheitserinnerungen ploppen auf: mit Wasserfarben bemalte Äste, die als »Friedenspfeife« herhalten mussten. »Blutsbrüderschaft« mit den Jungs aus der Nachbarschaft, allerdings nur mit wortreichem Schwur statt wildem Gemetzel. Und der – ewig unerfüllte – Wunsch nach einem eigenen Tipi. Keine Frage: Die »Winnetou«-Verfilmungen der Romane von Karl May haben ganze Generationen geprägt – und ja, auch die Autorin. Ganz in Nähe dieses Campingplatzes wurden in den 1960er-Jahren viele Szenen aufgenommen – darunter der legendäre »Schatz im Silbersee« in Kroatiens berühmtestem Nationalpark Plitvicer Seen im gebirgigen Hinterland. Damals gab es hier noch keine Tipis zum Übernachten. Allerdings kamen schon 1968 die ersten Gäste mit Zelt und Wohnwagen auf den Campingplatz. Das moderne Resort hat mit dem Vorgängerplatz nicht mehr viel gemeinsam, vielleicht noch die Kiefern, die in der Zwischenzeit haushoch sind. Und natürlich die gute Lage, nur eine Viertelstunde Fahrt vom Eingang in den Nationalpark entfernt.

Für jeden das richtige Plätzchen

Das Besondere an diesem Campingplatz ist, dass er für jeden Geschmack und jedes Budget etwas zu bieten hat. Wer mit Wohnmobil, Wohnwagen oder Zelt unterwegs ist, findet schöne Stellplätze auf der geschotterten Wiese. Da die »alte« Hauptstraße von Karlovac ans Meer hier entlangläuft – vor dem Autobahnbau die Haupttrasse an die Adria –, sind die hinteren Plätze eher zu empfehlen. Das gilt vor

↗ **Indianer auf Zeit: Fehlen nur noch Winnetou und Old Shatterhand.**

allem für die Wochenenden, wenn auch die Kroaten gerne ihren Sonntagsausflug in die Region machen. Dann gibt es noch luxuriöse holzvertäfelte Baumhäuser auf drei Ebenen, die von den Baumkronen der Kiefern beschattet werden. Sie erheben sich über einem künstlichen See, der durch eine moderne Holz-Stahl-Brücke mit einem zweiten verbunden ist. Steht man an diesem, bezaubern kleine Holzbungalows mit Terrassen, die ins Wasser hineinragen – und

Jeder Bereich auf dem Campingplatz wirkt wie eine eigene, kleine Welt für sich.

die für Paare oder Singles konzipiert wurden. Doch auch die Mobile Homes in braunem Holz wirken ansprechend, mit Liegestühlen und Blütenzauber. Dass das Campinggelände mittelgroß ist, spürt man kaum, denn jeder Bereich ist eine eigene, kleine Welt für sich – was die Anlage so außerordentlich charmant macht. Der Platz hat ein paar Extras zu bieten: So gibt es einen stylishen Wellnessbereich mit finnischer Sauna mit Naturblick, Salzraum, Erlebnisdusche, Relax-Zone mit Tee-Ecke, beheizbarer Terrasse mit Wassermassage-Pool und Liegen. Das besondere Konzept: Die Wellnessanlage kann nur privat genutzt werden. Wer mit Freunden unterwegs ist, splittet die Kosten einfach, um das Urlaubsbudget ein

Tipp

Ab in den Urwald! Im Waldökosystem Čorkova uvala bleibt die Natur sich selbst überlassen. Eine Wanderung verheißt endlose Tannen- und Buchenwälder, Bergwiesen, Aussichtspunkte und Lehrpfade. Zwei Wege führen hindurch: Čorkova uvala (21 km) oder Plitvica (9 km), beide starten am See Labudovac (Station 3 Panoramazug). Infos unter www.np-plitvicka-jezera.hr (Aktivitäten/Bergwanderungen).

wenig zu schonen. Beliebt ist die Wellnessoase vor allem bei Schmuddelwetter, allerdings hat sie ganzjährig geöffnet – wie der gesamte Platz. Wer im Winter hierherkommt, trinkt seinen dampfenden Tee dann mit Blick auf die weiße Landschaft, denn im Winter schneit es in der Bergregion nicht selten.

Der Pool ist ein echter Hingucker

In der warmen Jahreszeit ist der moderne Pool, der sich kaskadenförmig über drei Ebenen ergießt, ein echter Hingucker. Auf vier Hockern sitzt man im Wasser direkt an der Bar, und schlürft einen Sundowner – ein Geheimtipp.
Eine Minigolfanlage sorgt nicht nur beim Nachwuchs für Entzücken: Nachdem man die Schwingtür in bester Wildwest-Saloon-Manier aufgeworfen hat, gilt es, den Ball durch ein Kanu, Tipi oder andere Hindernisse zu bugsieren, um das Spiel für sich zu gewinnen. Daneben gibt es Beachvolleyball, Tischtennis, einen Spielplatz, ein Freiluftkino und Grillmöglichkeiten. Für Hunde steht ein eigener Parcours bereit. In einem kleinen Hochbeet sprießen Fenchel und Würzkraut, von denen man sich ein wenig abzupfen darf, um damit das Essen zu verfeinern. Und wenn die Camperküche mal kalt bleibt, gibt es ein gutes Restaurant am Platz, an dem auch viele Vorbeifahrende stoppen. Um die Gegend zu erkunden, kann man sich Fahrräder, E-Bikes oder E-Roller ausleihen. Und nicht zuletzt verkehrt ein Shuttlebus zum Nationalparkeingang.
Und wer sich nun die ganze Zeit gefragt hat, wie es sich eigentlich in einem Tipi so wohnt: Statt einem Schrank gibt es eine Kleidertruhe, statt auf Matten wird auf einem von vier Betten geschlafen. Gegessen wird an einem Tisch, zu dem vier Stühle gehören, und im Außenbereich baumeln Hängematten. Ein Spielplatz in der Nähe gehört dazu. Dass der echte »Winnetou« nicht so viel Komfort hatte, dürfte klar sein.

↗ Beeindruckend – der Wasserfall von Rastoke
← Der Campingplatz Plitvice Holiday Resort besticht mit einem schönen Pool.

Info

Plitvice Holiday Resort, Grabovac 102, 47245 Rakovica, www.plitvice.com

SIGHTSEEING
Barać-Tropfsteinhöhlen (Baraćeve špilje), Nova Kršlja 47 a, 47245 Rakovica, www.barac-caves.com

ESSEN UND TRINKEN
Restaurant am Platz; 16 Lakes Restaurant, Grabovac 173, 47246 Rakovica, www.16lakeshotel.com

ACTION UND AUSFLÜGE
Nationalpark Plitvicer Seen; Ranch Terra, Irinovac 156, 47245 Rakovica, www.ranch-terra.com; Wild Spring Ranch, Stara Kršlja 15, 47250 Rakovica, www.wildspringranchcro.com; Ranch Equus Igni, Jelov Klanac 244 b, 47245 Rakovica, www.horseriding-croatia.com; Adrenalinpark Ogi, Oštarski Stanovi 129, 47245 Rakovica; Wasserfälle von Rastoke-Slunj

ANREISE
Ab Novo Mesto/Slowenien in Richtung Karlovac und Slunj halten und auf der Straße D 1 bis Grabovac und zum Campingplatz (Beschilderung)

TOURISTENINFORMATION
www.np-plitvicka-jezera.hr

Einsteiger-Knigge fürs Campen

Was man auf dem Campingplatz beachten sollte

Ankommen, anmelden, aufbauen: Das ist auch auf Campingplätzen in Kroatien nicht anders. Die Rezeption gibt Neuankömmlingen die wichtigsten Benimmregeln mit auf den Weg, dann geht es ab auf die Parzelle – natürlich im Schritttempo, Fußgänger haben immer Vorrang. Gelegentlich darf man sich hinstellen, wo man will. Kreuz und quer, aber natürlich immer so, dass man den Nachbarn nicht auf die Pelle rückt. Der ADAC empfiehlt drei Meter Mindestabstand. Überhaupt gilt das ungeschriebene Gesetz, die Privatsphäre der anderen zu achten. Dazu zählt auch, keine Abkürzungen über fremde Stellplätze zu nehmen. Und immer schön daran denken, dass Wohnmobile oder Zelte keine Schallschutzwände haben! Wer die halbe Nacht unter der Markise debattiert, macht sich bei seinen Mitcampern sicher nicht beliebt. Nacht- und Mittagsruhe gelten übrigens nicht nur für die Einfahrt, sondern auch für den Aufbau von Zelten und Co.

FKK, Grillen, Hunde & Co.

FKK ist ein Lebensgefühl: Manche Plätze haben sich der Freikörperkultur komplett verschrieben, andere haben textilfreie Zonen oder Strandabschnitte, an denen hüllenlos gebadet wird. Wird im Restaurant oder Supermarkt Kleidung erbeten, sollte man sich daran halten – und es mit der Freizügigkeit nicht übertreiben. Alles andere kommt nicht gut an. Grillen? Offenes Feuer ist verboten, die Waldbrandgefahr im Sommer extrem hoch. Auf vielen Plätzen gibt es ausgewiesene Grillzonen oder Gemeinschaftsgrills mit Feuerlöschern, mitunter sind nur Gas- oder Elektrogrills erlaubt. Bären? Rund 1000 Tiere streifen durch Kroatiens Bergwelten. Auf dem Campingplatz wird man mit Essensresten vermutlich nicht Meister Petz, sondern Ratten oder Ameisen anlocken. Daher gilt: spätestens am Abend den Müll entsorgen und offene Lebensmittel gut verstauen! Hunde sind auf fast allen Campingplätzen in Kroatien erlaubt, manchmal dürfen nur ein oder zwei pro Stellplatz mit. Das heißt aber nicht, dass die Vierbeiner überall herumspringen dürfen, in der Regel gilt Leinenpflicht. In Sanitärräumen haben Hunde nichts verloren, dafür gibt es Tierduschen im Freien. Gassi-Gehen? Bitte nicht auf dem Platz, sondern außerhalb. Gassi-Beutel nicht vergessen! Für Zweibeiner gilt: Wildpinkeln auf dem Campingplatz ist ein absolutes »No-Go«, auch wenn die Sanitärräume nachts noch so weit erscheinen. Grauwasser darf selbstverständlich nur an den vorgesehenen Stellen entsorgt werden. Hochwertigere Plätze haben Strom-, Wasser- und Abwasseranschluss. Für Wäsche und Geschirr gibt es in der Regel getrennte Spülbecken. Sanitärräume sollte man immer so hinterlassen, wie man sie gerne selbst vorfinden würde – das gilt generell für alle Bereiche, dann klappt das gute Miteinander auf dem Campingplatz!

↑ Vierbeiner haben ihren eigenen Badeplatz.
↖ Feiern ohne Rücksicht? Kommt in der Regel gar nicht gut an bei Mitcampern!

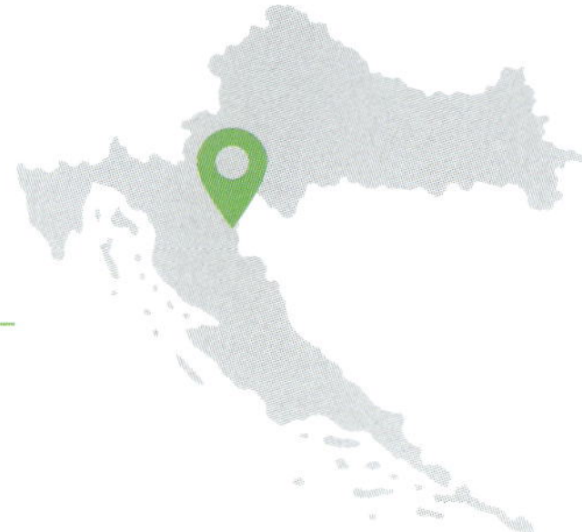

37 Schäumende Wasserfälle in Tintenblau

Hier ist man den Plitvicer Seen ganz nah

Ein hügeliger, lichter Wald mit Vogelgezwitscher, in dem man sich seinen Stellplatz selbst aussuchen darf – entweder ein wenig versteckt oder mittendrin. So geht naturnahes Camping unweit der berühmten Plitvicer Seen.

Eine rustikale Holzhütte mit Spitzdach und Rampe: So begrüßt die Rezeption des mittelgroßen Campingplatzes Korana ihre Gäste: typische Bauweise in der dünn besiedelten Bergregion Lika, in der es vor allem eins gibt – Wälder. Ein Wegweiser, ebenfalls aus Holz, zeigt nach dem Eingang in alle Himmelsrichtungen – etwa zum Mini-Markt oder zum Terrassenrestaurant, das mit selbst gebackenem Kuchen am Nachmittag lockt! »Freie Platzwahl!«, heißt es hier. In einer Senke wird das Zelt auf der grünen Wiese aufgeschlagen, während das Wohnmobil auf einem geschotterten Stellplatz besser aufgehoben ist. Doch auch die Plätze neben dichten Hecken wirken ziemlich lauschig – ganz wie man mag. Das Areal ist weitläufig, aber durch das Wegnetz und hohe, alte Laub- und Nadelbäume so aufgelockert, dass nichts gedrängt wirkt. Spätestens nach ein, zwei gedrehten Runden dürfte dann jeder seinen Lieblingsplatz gefunden haben. Besonders malerisch campt es sich mit Blick auf den Fluss Korana, der sich durch das Gelände schlängelt. Über das gesamte Areal versprenkelt gibt es Holztische mit Bänken, die sich für das perfekte Zeltcamper-Frühstück im Grünen eignen. Ein paar Natursteinstufen führen ins Sanitärgebäude mit hölzernem Dachstuhl, geräumig und ordentlich.

Sich verändernde Landschaften

Wer ohne eigenes Domizil unterwegs ist, kann einen von knapp 50 dunkelbraunen Holzbungalows anmieten. Das sind schlichte Hütten, in die gerade mal zwei Einzelbetten, zwei Stühle, ein Tisch und ein Schrank passen. Ein eigenes Bad gibt es nicht, die Sanitärräume sind für alle da. Zum Schlafen reicht es allemal, bei gutem Wetter spielt sich das Camperleben ohnehin draußen ab. Vor allem Kin-

↗ Traumhafte Wasserlandschaften darf man in Kroatiens berühmtestem Nationalpark erwarten.

Der Sommer im Nationalpark ist trubelig, der Herbst bunt, der Winter weiß und der Frühling zartgrün.

der lieben diese Mini-Hütten mit ihrem urigen Charme. Der mit drei Sternen gekrönte Campingplatz wird von der Nationalparkverwaltung der Plitvicer Seen betrieben. Wer hier übernachtet, unterstützt also die Arbeit der Parkverwaltung. Dafür stellt diese im Sommer kostenlose Shuttlebusse bereit, die Campinggäste in wenigen Fahrminuten zum Eingang des Nationalparks bringen. Hunde dürfen leider nicht mitfahren.

Kroatiens ältester Nationalpark hat diesen Status schon seit 1949, später krönte ihn die UNESCO zum Weltnaturerbe. Das Herzstück des Parks sind 16 Seen, die durch schäumende Kaskaden und Wasserfälle miteinander verbunden sind. Die intensive tintenblau-smaragdgrüne Farbe kommt von den kalkweißen Böden, an denen sich das Sonnenlicht bricht und das Wasser in den schönsten Farbschattierungen erstrahlen lässt. Die Landschaft hier verändert sich übrigens ständig: Der Kalk sorgt für Ablagerungen, die bis zu drei Zentimeter pro Jahr wachsen – entsprechend wird das Wasser umgeleitet. Zu den meistbesuchten Highlights gehört der »Große Wasserfall«, Veliki slap, der 78 Meter tief hinab-

rauscht. Holzstege und Wanderpfade führen durch die sattgrüne Wasserlandschaft, und Elektroboote tuckern über den größten See, Kozjak. Im Park leben viele Vogelarten, aber auch Rehe, Bären, Wildschweine, Wildkatzen und sogar Braunbären. Winnetou-Fans kennen die malerische Landschaft aus den zahlreichen Karl-May-Verfilmungen der 1960er-Jahren, etwa als Kulisse für den »Schatz im Silbersee«.

Im Herbst ist es schön bunt

Der Campingplatz-Fluss Korana nimmt seinen Lauf im Sturzbett des Veliki slap. Er schlängelt sich durch mehrere Schluchten und versickert auf seinem 130 Kilometer langen Weg stellenweise nahezu komplett in der porösen Karstlandschaft. Rafting-Fans schätzen die Korana als Outdoor-Paradies, ebenso wie die Mrežnica, Kupa und andere Flüsse in der wasserreichen Bergregion.
Wer den Nationalpark im Juli oder August besuchen will, sollte sich von der Vorstellung »wildromantische Einsamkeit in der Natur« beizeiten verabschieden. Rund um die Wasserfälle und Seen ist es im Sommer sehr trubelig. Bis zu 20 000 Menschen waren es an manchen Tagen, dann wurde die Besucherzahl limitiert – heute wird nur noch eine bestimmte Anzahl an Karten pro Tag verkauft. Wer nicht online reserviert hat, am besten schon ein paar Tage im Voraus, kann an der Tageskasse nur hoffen, dass es noch Restkarten gibt. In der Nebensaison geht es entspannter zu.
Wer den quirligen Sommer umgehen will, sollte wissen, dass der Park ganzjährig geöffnet ist. Im Herbst färben sich die Blätter der vielen Laubbäume wunderbar gelb, rot und orange, und im Winter, wenn die Landschaft in tiefem Schnee versinkt, wirkt sie noch bezaubernder. Doch auch der Frühling, wenn das erste zarte Grün sprießt, hat seinen Charme – dem man schnell erliegt!

↗ Schäumende Wasserfälle begeistern Besucher.
← Schön weitläufig und im Lika-Stil ist der Campingplatz Korana angelegt.

Info

Autokamp Korana, Čatrnja 167, 47245 Rakovica, www.np-plitvicka-jezera.hr

SIGHTSEEING
Burgruine Dreznik; Nationalpark Plitvicer Seen, www.np-plitvicka-jezera.hr

ESSEN UND TRINKEN
Restaurant am Platz; Fast Food BBQ, Rakovica 77, 47245 Rakovica, https://street-food-bbq.eatbu.com; Restaurant Degenija, Selište Drženičko bb, 47245 Rakovica, https://restoran-degenija.com

ACTION UND AUSFLÜGE
Wasserfälle Rastoke-Slunj; Angeln am Fluss Gacka; Lost Place: verlassener Militärflughafen Željava mit unterirdischem Hangar am Berg, direkt an der bosnischen Grenze (Anfahrt mit Google Maps)

ANREISE
Ab Ljubljana auf der Autobahn A 2 bis Novo Mesto, dort Richtung Karlovac/Slunj halten und auf der Straße D1 bis Autokamp Korana

TOURISTENINFORMATION
www.np-plitvicka-jezera.hr

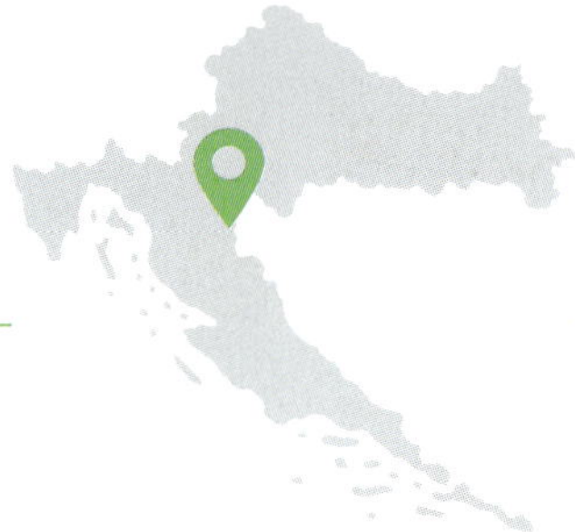

38 Die Arena als Spielplatz

Auf dem Camping Plitvice wird es kreisrund

Das Herz dieses modernen Campingplatzes ist ein Amphitheater, das allerdings nicht in einer antiken Großstadt errichtet wurde – sondern in einer malerischen grünen Hügellandschaft, unweit des Eingangs zum Nationalpark Plitvicer Seen.

Ein echter Hingucker ist das Amphitheater auf dem Camping Plitvice: Vom tiefsten Punkt staffeln sich kreisförmig Sitzstufen empor, und oben gruppieren sich Stellplätze, sodass die hier geparkten Wohnmobile wie in einer Ehrenloge platziert wirken. Kreisförmig wie die Arena wurde auch der Spielplatz angelegt: So lässt sich der Nachwuchs gut im Auge behalten, während man sich selbst eine kleine Auszeit unter der ausgefahrenen Markise gönnen kann.
Dass der moderne Platz erst in jüngster Zeit angelegt wurde, spürt man überall. Die Sanitäranlagen sind tipptopp, der stylische Pool wird am Abend stimmungsvoll beleuchtet, die Wege sind modern und mit Blumen umrahmt. Für Kinder gibt es im

↗ Herz des Campingplatzes: die Arena
↗ Austoben unter Elternaufsicht auf dem Spielplatz
← Holzplankenwege durchziehen den Nationalpark.

Sommer Animation, für die Großen ein Abendprogramm. Bei Schlechtwetter kommt das Kinderspielzimmer zum Einsatz. Am gemeinsamen Grillplatz lässt sich der Abend verlümmeln. Auch Hunde sind hier gern gesehene Gäste – sie duschen im Außenbereich. Fitness und Massagen darf man sich auf dem Campingplatz ebenfalls gönnen.

Wanderungen in der Umgebung

In der Umgebung kann man wunderbar wandern, es gibt eine Burgruine und einen kleinen Wildpark zu entdecken. Ansonsten ist man auf das Auto angewiesen. Das gilt übrigens auch für den Einkauf im Supermarkt, denn der nächste ist ein paar Fahrminuten entfernt. Dafür gibt es ein modernes Restaurant am Platz, in dem man Halbpension hinzubuchen kann. Die Lage des Campingplatzes jedenfalls ist nicht zu toppen – unweit der Plitvicer Seen: Da könnte man tagelang an smaragdgrünen Gewässern, rauschenden Wasserfällen und durch urwüchsige Natur wandern. Das geht übrigens auch prima in den ruhigeren Ecken der Region, also fernab der Besuchermassen an den berühmten Wasserfällen. Sehr komfortabel ist der Shuttletransfer zu den Plitvicer Seen. Der wird gegen Gebühr organisiert, sogar Hunde dürfen mit – und man spart sich die Parkgebühren vor Ort. Bis zum Eingang Nr. 1 des Nationalparks sind es nur wenige Minuten Fahrt. Wer mit dem Fahrrad oder E-Bike da ist, kann auch selbst hinfahren. Zu Fuß sollte man ungefähr eine Stunde Spazierzeit einplanen.

Info

Camping Plitvice, Smoljanac 67, 53231 Smoljanac, www.campingplitvice.com

SIGHTSEEING
Špoljarić-Wassermühle (Špoljarićev mlin) in Korana; Aussichtspunkt auf die Korana-Schlucht (Vidikovac kanjon Korane); Burgruine Stari grad Drežnik

ESSEN UND TRINKEN
Restaurant am Platz; Restaurant Old Shatterhand, Selište Drežničko 14 a, 47245 Rakovica, www.facebook.com/Shatterhandoldrestoran; Lex Bar & Pizzeria, Čatrnja 172 (Plitvice Mall), 47245 Čatrnja

ACTION UND AUSFLÜGE
Nationalpark Plitvicer Seen; Wandergebiet Smoljanac vrh; Hirschfarm Dolina jelena, www.ranch-deervalley.com; Seilrutsche Zipline Pazi Medo und Kletterwand, Rodopolje, 53223 Vrhovine, www.zipline-plitvice.com

ANREISE
Ab Novo Mesto/Slowenien in Richtung Karlovac und Slunj halten, dann auf der D1 bis Smoljanac und zum Campingplatz (Beschilderung)

TOURISTENINFORMATION
www.np-plitvicka-jezera.hr

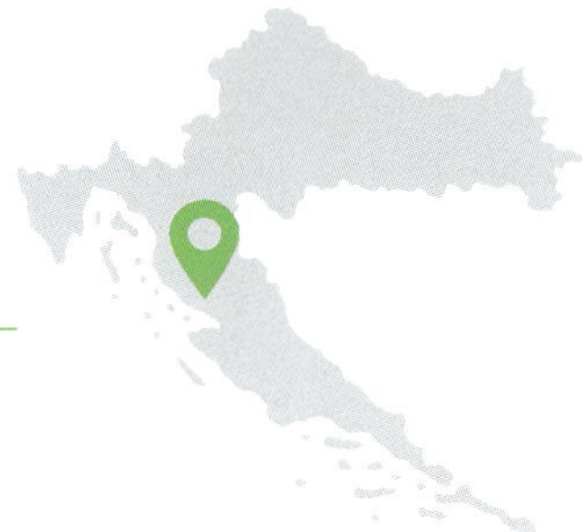

39 Bergluft unterm Sternenhimmel

Entschleunigung im Eco Camp Rizvan City

Morgens aufwachen mit Bergblick auf die bewaldeten Velebit-Hänge, mittags im Abenteuercamp nebenan einen Adrenalinkick abholen. Das geht auf diesem modernen kleinen Campingplatz mitten in der Bergregion Lika südlich von Gospić.

Im Herbst, wenn es nachts im Velebit-Gebirge schon ein wenig frischer wird, wacht man mit diesem farbenfrohen Ausblick auf: Weiße Nebelschwaden wabern um den Bergfuß, während die grüne Kuppe aus der Frühnebelsuppe hinauslugt. Der erste Eindruck auf dem Campingplatz Eco Camp Rizvan City, auf 600 Meter Meereshöhe: zauberhaft! Ein geschotterter Hauptweg verbindet die Parzellen miteinander. Anschlüsse für Strom haben alle, nur einige hingegen auch für Frisch- und Abwasser. Hecken oder Bäume, die Campingfahrzeuge oder Zelte voneinander trennen, gibt es keine. Dennoch hat man hier nicht das Gefühl, zu dicht am Nachbarn dran zu sein. Das liegt nicht nur an der weitläufigen Gebirgsebene, sondern auch an der Anzahl der Stellplätze: Drei Handvoll sind es gerade mal, was für eine sehr familiäre Atmosphäre sorgt.

Im gezackten Holzbungalow schlafen

Wer an Regentagen lieber in einem Bungalow übernachtet, kann das hier auch tun: Sechs moderne Holzhütten mit Spitzdach, das fast bis auf den Boden reicht, reihen sich nebeneinander. Ihre Bauweise erinnert an die gipfelförmige Kult-Schokolade »Toblerone«. Im gleichen rustikalen Stil der Bergregion Lika sind das moderne Waschhaus sowie eine überdachte Terrasse gehalten. Am Gemeinschaftsgrill kommt man ins Gespräch, während die Kinder auf Schaukel und Rutsche herumklettern dürfen. Das kann man übrigens auch im Adventure Park Rizvan City nebenan, der die gleichen Betreiber hat und mit Kletterpark, Riesenrutsche und Zipline ausgestattet ist. Das Gesamtpaket – Übernachten und Action – wird von den Kroaten auch gerne für Teambuilding-Events genutzt.
Im Sommer kann man sich im Außenpool abkühlen, falls der Weg ans Meer doch zu weit sein sollte. Mit 30 Kilometern entlang der Panoramastraße D 25 muss man rechnen. Dafür kommt man nur wenige Fahrminuten entfernt in Richtung Meer an der Familienfarm OPG Pavelić in Brušane vorbei.
Am Stand vor dem Haus gibt es Kornelkirschlikör, Hagebuttenmarmelade, Steinpilze aus dem Velebit oder frische Eier – was die Saison, die eigenen Tiere und die direkte Umgebung eben gerade hergeben. Für Selbstversorger ist das ein idealer Ort, der der Familie das Auskommen sichert. Wer braucht da schon einen Supermarkt?

← Grillen und chillen mit Velebit-Panorama im Eco Camp Rizvan City

Info

Eco Camp Rizvan City, Rizvanuša 1, 53000 Gospić-Rizvanuša, www.camp-rizvancity.com

SIGHTSEEING
Nikola-Tesla-Gedenkmuseum, Smiljan 87/1, 53000 Gospić-Smiljan, www.mcnikolatesla.hr; Panoramastraße D 25 (Theresienstraße/Terezijana) mit Stopp am Aussichtspunkt Kubus (bei Baške Oštarije)

ESSEN UND TRINKEN
Biffe Malo misto, Trnovačko Novoselo 8/1 (an der D 25), 53000 Gospić-Trnovačko Novoselo; Bistro & Pizzeria Tomislav, Kaniška ulica 76 a, 53000 Gospić-Centar

ACTION UND AUSFLÜGE
Bärenrefugium Kuterovo, Kuterovo 103, 53225 Otočac, https://kuterevomedvjedi.wordpress.com; Fernwanderweg Premužićeva staza (57 km)

ANREISE
Auf der Autobahn A1 die Ausfahrt 12 – Gospić nehmen, der Straße D 534 durch Gospić bis Rizvanuša (Beschilderung) folgen.

TOURISTENINFORMATION
www.visitgospic.com

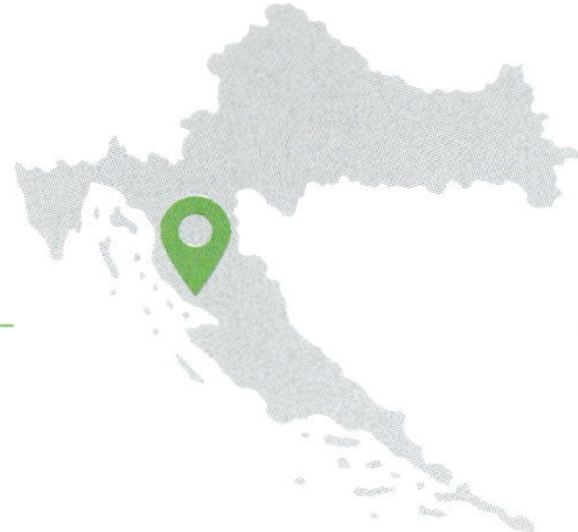

40 Fantasiewesen auf Zeit

In Baške Oštarije schlüpft man in Erdlöcher

Auf diesem kleinen Campingplatz im Velebit-Gebirge übernachtet man auf einer grünen Wiese. Das geht nicht nur im eigenen Domizil, sondern auch in Mietzelten oder Erdhöhlen – die hier »Crobbit Houses« heißen. Ein magischer Naturplatz.

Entlang der wenig befahrenen Panoramastraße D 25 zwischen Gospić und Baške Oštarije begrüßt der kleine Campingplatz Kamp Velebit seine Besucher – mit vielen bunten Flaggen aus aller Welt. Die Lage verheißt selbst im Hochsommer angenehme Temperaturen: auf 930 Meter Meereshöhe, umgeben von den grauen Velebit-Gebirgsgipfeln, die aus dem Grün herausblitzen.

Ein Wohlfühlort für Zeltcamper

Das Haupthaus mit seiner großen Holzveranda wirkt wie die Villa Kunterbunt, doch statt Pipi Langstrumpf trifft man hier auf Luka, der das Camp gemeinsam mit seiner Frau Nikolina betreibt. Luka grüßt gerade einen Biker mit laufendem Motor, man spricht sich kurz ab – und der Motorradfahrer rollt auf den Platz hinunter. Alles ganz unkompliziert und sehr sympathisch. Überhaupt ist der Platz ideal für ein entspanntes Publikum. Hier trifft man nicht nur auf Biker, sondern auch auf Familien mit Kindern, Wanderer, Kletter-Fans und Hundebesitzer – ein Haustier übernachtet sogar kostenlos. Jeder stellt sich einfach hin, wo er mag, Parzellen gibt es keine auf der leicht abfallenden Wiese. Alles ist grün, überall wachsen Gras und Blumen – gekrönt vom Blick auf schroffe Felswände. Hier fühlt man sich auch als Zeltcamper sehr wohl!

Auf dem Areal gibt es fürs Familienalbum einen selbst gezimmerten Holzrahmen als fotogene Selfie-Kulisse. Ein orangefarbenes Schild weist den Weg zum »Lowland Camp«, durch das ein kleiner Gebirgsbach mit Holzbrücke plätschert. Zwischen zwei Bäumen baumelt eine Hängematte, die man sich für eine geringe Gebühr ausleihen kann. Für das Miteinander am Platz gibt es einen Basketballkorb und eine Pergola mit geschnitzten Sesseln und Tischen

↗ Eine Eule am Briefkasten – nur eines von vielen liebenswerten Details dieses Campingplatzes

5A

aus alten Weinfässern, an der man abends an der Feuerstelle die Zeit verlümmeln und ins Gespräch kommen kann. Das Holz wird gestellt oder von den Gästen selbst gesammelt, Grillkohle gibt es vor Ort zu kaufen. Bei Regenwetter wird in der Gemeinschaftsküche gekocht, in der es auch Kühlschränke gibt. Das Essen muss allerdings selbst mitgebracht werden, zu kaufen gibt es am Platz nichts. Dafür ist das Leitungswasser, wie überall in Kroatien, sehr gut trinkbar. Die Stromsäulen sind nicht aus Plastik, sondern Vogelhäuschen nachempfunden – und fügen sich gut in den naturbelassenen Campingplatz ein.

Wo die Crobbits schlummern

Ein Highlight sind die kleinen Schlafbehausungen mit roten, gelben oder grünen Türen, die »Crobbit«-Hütten genannt werden – in Anlehnung an die markengeschützte Bezeichnung »Hobbit« aus einem Kult-Fantasy-Film. Die Hütten sind eigentlich Holz-

Wem das unkonventionelle Konzept des Campingplatzes gefällt, ist eingeladen, beim Ausbau mitzuhelfen.

fässer mit runder Tür, Tisch, Hocker und Betten oder Stockbetten, die in die Erde eingebaut wurden, sodass man hier selbst in kühleren Herbstnächten noch angenehm übernachten kann. Wer leicht friert, sollte sich einen Schlafsack mitbringen, Bettzeug wird jedoch gestellt. Selbst im Hochsommer können die Nächte frisch werden. Also an entsprechende Ausrüstung denken – und den Fleecepulli einpacken! Wem das nicht reicht: Direkt neben dem Empfang gibt es Bungalows mit Heizung. Wer es puristisch mag, kann sich auch eines der schneeweißen Canvas-Zelte mieten, die sich wie weiße Segel in die grüne Berglandschaft spannen. Oder einen Zeltaufbau auf einem alten Van als Schlafplatz wählen, eine ganz besondere Konstruktion.
Der Platz ist ideal für Outdoor-Fans, die gerne aktiv sind: Eine schattige Wanderung zum Crni vrh (Schwarzer Gipfel) ist in zwei bis drei Stunden möglich. Der Höhenunterschied beträgt gut 300 Meter. Es geht durch schattige Wälder hindurch, die Wanderwege sind gut markiert. Durch das Velebit-Gebirge verläuft zudem der 2000 Kilometer lange Fernwanderweg »Via Dinarica«, der Slowenien mit Albanien verbindet – und für dessen Abschnitte und Instandhaltung man sogar Patenschaften übernehmen kann. Eine detaillierte Wanderkarte hängt im Haupthaus aus. Mehr als 140 Kilometer Wander- und Radwege gibt es rund um den Camping-

← Schlafen wie ein Hobbit: eine der Erdhöhlen auf dem Campingplatz
↗ Traumhafte Bergwelten für Wanderfans
→ Die Zavratnica-Bucht zu Füßen des Velebit

platz. Wanderschuhe nicht vergessen und Warnhinweise unbedingt beachten, denn das Wetter im Gebirge kann schnell umschlagen, und nicht überall ist ein GPS-Signal gesichert. Selbst die WLAN-Verbindung ist nicht in jeder Ecke des Campingplatzes ideal. Doch wer braucht schon das Internet in dieser traumhaften Umgebung?

Info

Kamp Velebit, Baške Oštarije, an der Straße D 25, 53288 Karlobag-Baške Oštarije, www.kampvelebit.com

SIGHTSEEING

Aussichtspunkt und Denkmal Kubus von 1847 am Gebirgssattel Oštarijska vrata an der Straße D 25 (unweit des Hostels Baške Oštarije)

ESSEN UND TRINKEN

Hostel Baške Oštarije, an der Straße D 25, 53288 Karlobag-Baške Oštarije, www.rekreativnicentar.eu; Restaurant Prašina, Podoštra 42, an der Straße D 25, 53000 Gospić-Podoštra

ACTION UND AUSFLÜGE

Wanderungen im Velebit-Gebirge, z. B. Südabschnitt des Fernwanderwegs Premužićeva staza; Alpinwanderung Ravni Dabar und Sportklettern auf Visibaba/Agin kuk; Baden in der Zavratnica-Bucht mit steilem Abstieg aus dem Dorf Zavratnica

ANREISE

Auf der Autobahn A 1 die Ausfahrt 12 – Gospić nehmen, dort der Straße D 25 in Richtung Baške Oštarije folgen, der Campingplatz liegt auf der rechten Seite

TOURISTENINFORMATION

www.tz-karlobag.hr

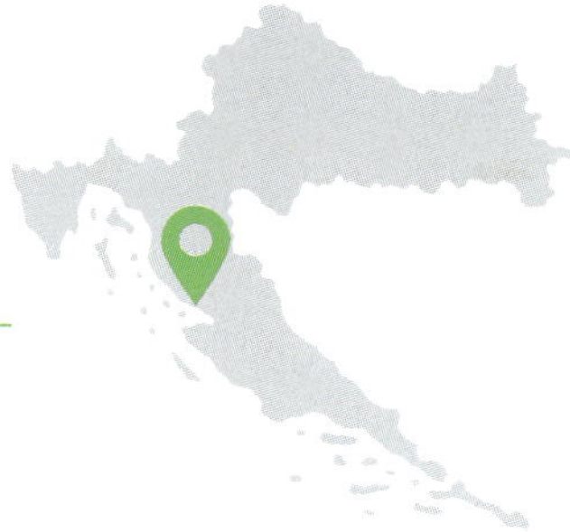

41 Wo sich Berge und Meer berühren

Ruhige Wildwestkulisse im Velebit

Wäre man auf der Suche nach der passenden Kulisse für einen Westernfilm, könnte man hier glatt um eine Drehgenehmigung anfragen – so schroff und ursprünglich wirkt die Felslandschaft. Doch nur auf den ersten Blick, denn das Meer ist gar nicht weit entfernt.

Zugegeben, die Straße ist schmal. Sie schlängelt sich von der Küstenmagistrale, gleich neben dem kleinen Dorfladen von Tribanj-Krušicica, steil hinauf. Es geht durch eine felsige, karge Wildwest-Landschaft hindurch. Oben angekommen, drei Kilometer entfernt, kann man sie dann spüren: die vollkommene Stille. Lediglich ein paar Zikaden zirpen um die Wette.

Der Name des Campingplatzes klingt verheißungsvoll: Vrata Velebita, auf Deutsch das »Tor zum Velebit-Gebirge«. Und genau das trifft die Lage dieses kleinen, familiären Platzes ganz hervorragend, denn von hier oben kann man direkt zu Wandertouren in den kargen Gebirgszug aufbrechen. Mehrere markierte Wege führen durch die Bergwelt, feste Schuhe gehören unbedingt ins Reisegepäck.

Man kann aber auch einfach zum Meer hinunterfahren, um sich abzukühlen. Ideal, wenn man ein Fahrrad oder sonst einen fahrbaren Untersatz dabei hat – denn die Zivilisation scheint hier oben, in den Bergen, ziemlich weit weg. Dafür funkeln die Sterne

↗ Fast wie im Wilden Westen: Urlaub inmitten schönster Kulissen
← Uriger Campingplatz auf dem Berg

nachts besonders hell, und von Begriffen wie »Lichtverschmutzung« scheint diese Naturoase buchstäblich Lichtjahre entfernt zu sein.

Feuerwasser in der Prärie

Eine Natursteinmauer grenzt den Platz ab. Der präsentiert sich überraschend grün, mit Gras und Bäumen bewachsen, sogar ein schmaler Bach mit Steinbrücke plätschert hindurch. Einen gemeinsamen Grillplatz (außer im Juli und August, wegen der Brandgefahr!) und eine Mini-Küche gibt es auch. In dem Natursteinhaus am Platz informiert eine kleine Ausstellung über die Welt der Bienen, da der Betreiber Imker ist – und eigenen Honig verkauft. Gerne dürfen Gäste auch den selbst gebrannten Rakija verkosten, die kroatische Variante von »Feuerwasser« – passend zur Szenerie.

Info

Camping Vrata Velebita, Put Ljubotića 50, 23244 Tribanj-Ljubotić, https://camping-vrata-velebita.business.site

SIGHTSEEING

Weiler Ljubotić; steinerne Grabdenkmäler »Mirila« mit 5 km langem Lehrpfad (Beschilderung ab Campingplatz)

ESSEN UND TRINKEN

Restaurant Ante, Kopovine 9, 23244 Tribanj-Krušicica, www.facebook.com/antetribanj; Fast Food & Grill Ugostiteljski obrt Nada, Adriamagistrale/D 8 Nr. 19, 23245 Tribanj-Kozjača (gegenüber Campingplatz Navis)

ACTION UND AUSFLÜGE

Kleine Badeorte mit Strand in der näheren Umgebung: Tribanj-Krušicica, Šibuljuna und Sveta Marija Magdalena; Felsklettern am Debeli kuk (»Dicker Fels«); Anspruchsvolle Wanderungen zu den Gebieten Slap und Kamena galerija; Ausflug in den Nationalpark Paklenica, www.np-paklenica.hr

ANREISE

Autobahn A1 bis Ausfahrt 15 – Maslenica nehmen, Adriamagistrale D 8 nach Norden bis Tribanj-Krušicica, dort neben dem kleinen Supermarkt abbiegen, anschließend gehz es 3 km bergauf

TOURISTENINFORMATION

www.rivijera-paklenica.hr

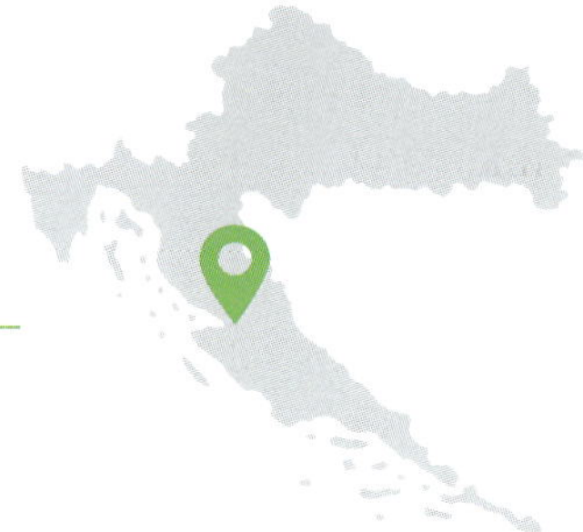

42 Keine Kakteen im Pueblo

Wo sich die drachengrüne Zrmanja durch den Fels windet

Entspannung, gutes Essen, eine spektakuläre Bergkulisse und ein pfefferminzgrüner Fluss, auf dem Winnetou in den legendären Karl-May-Verfilmungen schon paddelte: Im Hinterland von Zadar, bei Obrovac, steigen nicht nur Rafting-Fans ab.

Ein Landgut mitten im Nirgendwo, mit einem breiten Einfahrtstor, das fast ein wenig herrschaftlich wirkt: So empfängt das kleine, familiäre Campingresort Mićanovi Dvori seine Gäste. Das Anwesen umfasst zwei Handvoll moderne Mobilheime mit Veranda und kleinem Vorgarten sowie einem großzügigen Abstand zu den Nachbarn. Hinzu kommen fast doppelt so viele gekieste Parzellen, die teils mit niedrigen Natursteinmauern umgürtet sind. Zeltcamper finden einen Platz auf der Wiese, Schatten spenden Eichen, Hainbuchen, Eschen und Kornelkirschen. Ein Pool, den Holzliegen umrunden, sorgt für Abkühlung. Für Kinder gibt es einen kleinen Spielplatz, Sportfelder, Tischtennis und Animation. Eine urige Konoba gehört dazu, in der *Peka*-Gerichte auf den Tisch kommen. Diese werden mit Lamm oder Oktopus stundenlang unter der gusseisernen Schmorglocke in der Glut zubereitet. So grün und gepflegt sich der Platz präsentiert, so kontrastvoll ist der Blick über den Zaun in die Umgebung. Spektakulär schroff und grau erhebt sich das Velebit-Gebirge als Panorama in der Ferne. Der Hauptgrund, weshalb die meisten Gäste hier absteigen, ist jedoch der drachengrüne Fluss Zrmanja, der sich durch bleiche Felswände hindurchwindet. Selbst wer noch nie hier war, kennt ihn vielleicht – aus den hier gedrehten Karl-May-Verfilmungen wie »Winnetou III«. Überhaupt ist Rafting die Hauptbeschäftigung in der Schlucht – und praktischerweise vermitteln die Betreiber des Campingplatzes Kajak- und Raftingtouren auf der Zrmanja.

Kakteen als Attrappe

In den Zrmanja-Canyon hinunter kommt man nur an wenigen Stellen, auch die Aussichtspunkte oberhalb wollen gefunden werden – und manchmal ist

→ Wundervolle Natur bei Muškovci
→ So sah Winnetou die Zrmanja im Karst.

Google Maps dabei hilfreicher als die Beschilderung vor Ort. Ein schöner Panorama-Ausguck liegt oberhalb von Obrovac, an einem Parkplatz entlang der Hauptstraße D 27 nach Zaton. Ein anderer ist auf dem Hochplateau Parizevačka glavica an der Straße nach Jasenice. Einfach nach dem kleinen, braunen Schild Ausschau halten. Im Winnetou-Film stand hier übrigens das Pueblo der Mescalero-Apachen. Noch vor wenigen Jahren ein Geheimtipp, wurde der Parkplatz hier nun ausgebaut, und über eine kurze Schotterpiste kommt man auch mit dem Wohnmobil gut hin. Im Film tauchten an dieser Stelle, die mehrfach Drehort war, Kakteen auf – die allerdings Attrappe waren und sonst hier nicht wachsen.

Info

Mićanovi Dvori Camping Village Zrmanja, Kruševo, Župani drage bb, 23450 Obrovac, www.micanovi dvori.com

SIGHTSEEING
Festungsruine Gradina in Obrovac; Strand und Wasserfall Zrmanja in Muškovci; Zrmanja-Wasserfall Veliki buk in Golubić

ESSEN UND TRINKEN
Restaurant am Platz; Restaurant Slapovi Zrmanje, 23450 Obrovac-Muškovci; Bar und Grillrestaurant Food House Zrmanja (FHZ), Paravinja dolac 2, 23450 Obrovac-Muškovci, www.zrmanja.eu

ACTION UND AUSFLÜGE
Reitausflüge und Rafting über den Campingplatz buchbar oder über www.raftrek.com und www.riva-rafting-centar.hr; Schlucht mit Steinbrücke über die Krupa: Kudin most na Krupi; serbisch-orthodoxes Kloster Manastir Krupa und Quelle der Krupa (Vrelo Krupe); Ausgrabungsstätte Asseria bei Podgrađe; Bungee-Jumping von der »alten« Maslenica-Brücke (Maslenički most) an der Adriamagistrale D 8; Franziskanerkloster in Karin; Aussichtspunkt am Zrmanja-Canyon: Parizevačka glavica, entlang der D 27 nach Jasenice (Beschilderung); Höhlenwanderung in der Tropfsteinhöhle Špilja Modrić in Rovanjska

ANREISE
Autobahn A1 bis Ausfahrt 15 – Maslenica in Richtung Obrovac, dort die D 27, dann links-rechts-links abbiegen bis zum Ziel (Navi)

TOURISTENINFORMATION
www.tz-obrovac.hr

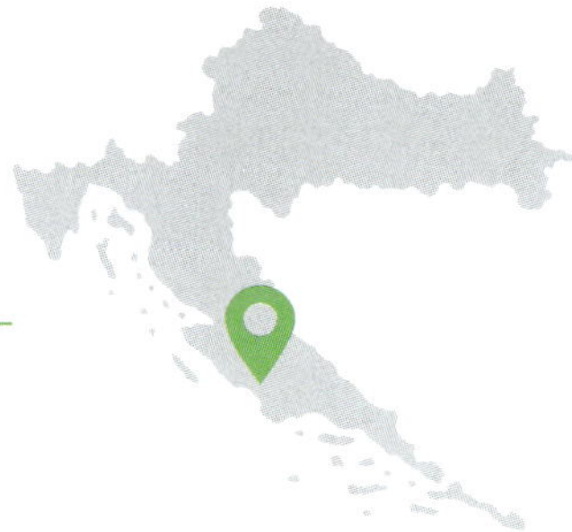

43 Das Klacken der Kugeln

Grünblaue Kaskaden im Nationalpark Krka

Der Salat stammt aus dem eigenen Garten, der Wein ist hausgemacht, und Gäste dieses Campingplatzes werden mit traditionellen Gerichten aus der *Peka*-Schmorglocke bewirtet – vor den Toren des Nationalparks Krka in Norddalmatien.

Dalmatien – das sind würzige Rosmarin- und Lavendelsträucher, viel Sonnenschein und das Klick-Klack der Boccia-Spieler, die sich um eine Sandbahn herumgruppieren. An manchen Nachmittagen kommen halbe Dörfer zusammen, um das Annähern der großen Kugel *(balota)* an die kleine *(bulin)* zu zelebrieren. Das Boccia-Spiel nennt sich im kroatischen Küstenraum *balote* – und fehlt auch nicht auf dem traditionellen, schnörkellosen Campingplatz Auto Kamp Krka. Abkühlung nach dem Spiel spendet ein Pool, Kinder powern sich auf dem Spielplatz aus. Die meisten Stellplätze in dem kleinen Kiefernhain sind schattig, die Parzellen haben Stromanschluss, Sanitärräume gibt es an zwei Standorten. Alles ist hier ganz entspannt, familiär und recht überschaubar – ohne Schnick und Schnack. Wer morgens frische Semmeln mag, gibt einfach Bescheid. Die Betreiber liefern sogar den passenden Belag dafür, etwa Käse, Wurst oder luftgetrockneten Schinken – alles hausgemacht. Frische Milch und eigenes Olivenöl bereichern jede Camperküche. Wer sich lieber im Restaurant am Platz bekochen lässt: Der Salat stammt aus dem eigenen Garten, und das Brot wird unter der Schmorglocke in der Glut des Grillkamins gebacken, nach *Peka*-Art. Die Speisekarte verheißt überwiegend regionale und saisonale Zutaten. Wildschwein oder Hase werden nach Familientradition selbst erlegt.

Wilde Wasserfälle im Nationalpark

Die Lage ist gut: Mit dem Auto sind es nur fünf Minuten bis zum Eingang Lozovac, einen von mehreren, die in den Nationalpark Krka hineinführen: Dort begeistern schäumende Kaskaden, Wanderwege und eine Kette von Wasserfällen, darunter die beiden größten: Skradinski buk und Roški slap.

↗ Ganz nah dran am Skradinski buk, dem spektakulärsten der Krka-Wasserfälle

Malerisch: Die Klosterinsel Visovac, zu der Boote übersetzen. Wer zwei, drei Tage bleibt und mobil ist, kann die schmale Straße zum orthodoxen Kloster Manastir Krka nehmen, in deren Katakomben schon der Apostel Paulus gepredigt haben soll. Auf dem Weg in die Kleinstadt Knin, noch tiefer ins Landesinnere hinein, gehören auch die Ruinen des antiken Amphitheaters Burnum zum Nationalpark. Traumhaft sind die Wasserfälle Manojlovački slapovi, die in einen grünen Canyon 60 Meter tief hinabstürzen. Wer ohne Auto unterwegs ist, kann diese Tour auch direkt am Campingplatz buchen.

Info

Auto Kamp Krka, Skočići 2, 22221 Lozovac, www.camp-krka.hr

SIGHTSEEING

Nationalpark Krka, Online-Tickets: www.npkrka.hr

ESSEN UND TRINKEN

Restaurant am Platz; Konoba Vinko, Uz cestu 57, 22221 Lozovac-Konjevrate, www.konobavinko.hr; Agroturizam Kalpić, Kalpići 4, 22221 Lozovac-Kalpići, www.kalpic.com (Reservierung erbeten)

ACTION UND AUSFLÜGE

Bummel durch das Städtchen Skradin mit seinem Jachthafen; Themenpark Etnoland Dalmati mit Schauwerkstätten, Schinken-Museum und *Peka*-Gerichten in Pakovo selo bei Drniš, www.etnoland.com; Mausoleum des Bildhauers Ivan Mestrović in Ružić-Otavice, www.mestrovic.hr; Festung mit Kriegsmuseum und Panoramarestaurant in Knin, www.kninskimuzej.hr; Šibenik mit vier Festungen und der UNESCO-gekrönten Jakobskathedrale

ANREISE

Auf der Autobahn A1 die Ausfahrt 21 – Skradin nehmen, der D 56 bis Lozovac (Beschilderung NP Krka) folgen

TOURISTENINFORMATION

www.npkrka.hr

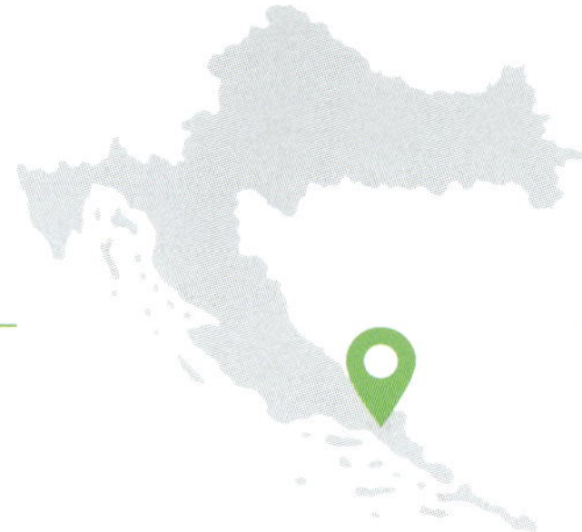

44 Bergglück im Biokovo

Übernachten im Gemüsegarten

Die Uhren gehen hier anders: Kaum verlässt man die Autobahn im Biokovo-Gebirge, taucht man in das Bergdorf Zagvozd ein, umgeben von grauen Felsen. Hier scheint die Zeit still zu stehen – und es wartet ein freundlicher kleiner Campingplatz.

Das schroffe Biokovo-Gebirge baut sich neben der Makarska Riviera in Mitteldalmatien mächtig auf und schirmt die Adriaküste vor kalten Winden ab. Wer über die Autobahn anreist, nähert sich dem Gebirgszug, der Naturpark-Status hat, aus einer ganz anderen Perspektive: Man ist sofort mittendrin am Hang! Nur eine halbe Liedlänge, länger dudelt die Musik im Autoradio nicht, und schon ist man da – im Bergdorf Zagvozd, wo auch gecampt wird. Der Campingplatz lässt sich mit zwei Worten beschreiben: klein und bezaubernd. Wer hier parkt, hat seine Strom- und Wasserversorgung gesichert, bereichert durch Sanitäranlagen, Grill, Waschmaschine, Kühlschrank und eine Küche, die mitverwendet werden darf. Ein paar Tische, Stühle und Liegen im Freien – mehr braucht

↗ Berühmter Mini-Felsen: Kamen Brela
← Bleich erhebt sich das Biokovo-Gebirge.

es nicht, um die Sonnentage und Sternennächte genießen zu können. Vielleicht noch eine Kuscheldecke, denn die Nächte können auch im Sommer frisch werden. Alles ist ganz unkompliziert, auch der Aufenthalt von Hunden – die dürfen umsonst mitgebracht werden, zumindest einer pro Stellplatz. Wunderbar ist auch die Idee mit dem Bio-Saisongemüse aus dem eigenen Garten. Davon darf man sich ein wenig für das Mittag- oder Abendessen pflücken. Natürlich nicht das ganze Beet, denn »sharing is caring«, so lautet das Motto – also umsichtig sein und den anderen etwas übrig lassen.

Mit dem Radl zum Metzger

Wer zum Bäcker oder Metzger will, ist in wenigen Minuten Fußweg da. Noch schneller geht es allerdings mit dem Fahrrad der Betreiber, das diese gerne und ausdrücklich dafür bereitstellen. Der Weg ins Dorf führt an der alten Pfarrkirche vorbei, mit einer öffentlichen Wasserzisterne, Piove genannt, die bis in die Mitte des vorigen Jahrhunderts genutzt wurde – das war es auch schon mit dem Sightseeing in Zagvozd. Ansonsten heißt es: ab ins Gebirge, auf die höchste Erhebung des Biokovo, den Sveti Jure (1762 m) oder auf die gläserne Panoramaplattform Skywalk, die sich mit Adria-Ausblick am Hang erhebt. Hinauf geht es über die 23 Kilometer lange Biokovo-Straße, die sich nah am Hang entlangwindet – nichts für schwache Nerven. Badespaß hat man in 20 Minuten, und im Badeort Brela lockt der berühmte kleine Fels im Wasser, gekrönt von Pinien.

Info

Camping Biokovo, Put Remonta 15, 21270 Zagvozd, www.campingbiokovo.hr

SIGHTSEEING
Naturpark Biokovo mit Besucherzentren in Brela Gornja, am Botanischen Garten Kotišina und im Präsentationszentrum Adrion; Aussichtsplattform mit Glasboden »Skywalk« an der Biokovo-Straße

ESSEN UND TRINKEN
Konoba 5ar (sprich: »Petar«), an der Straße D 62, Nr. 65, 21270 Zagvozd; Ausflugslokal Izletište Bikina konoba, Ulica Mlikote 15, 21270 Zagvozd, https://izletiste-bikina-konoba.business.site

ACTION UND AUSFLÜGE
Anspruchsvolle Wanderung auf den Berg Sveti Jure (1762 m) hinauf; Lehrpfad historische »Französische Straße« (Francuska cesta) oberhalb von Brela; 8 km langer geschotterter Mountainbike-Trail bei Šaranac; geologischer Lehrpfad Vikovic (bei Kilometer 9 der Biokovo-Straße); Roter und Blauer See mit Festung Topana in Imotski; Strand Punta Rata mit Felseninselchen in Brela; Strand und Uferpromenade in Baška Voda; Sternwarte und Astro-Park in Makarska, www.makarska-zvjezdarnica.com

ANREISE
Auf der A1 bis zur Ausfahrt 29 – Zagvozd fahren, rechts halten, von dort sind es nur noch wenige Hundert Meter bis zum Campingplatz

TOURISTENINFORMATION
www.pp-biokovo.hr

Wunderbare Natur gibt es auch in Großstadtnähe – wie hier im Camp Zagreb.

Wohlfühlplätze für Insider

Manche Campingplätze sind so weit weg vom Meer, so klein oder liegen einfach nicht am Weg, dass man sie nicht zufällig entdecken würde. Meist muss man erst weit übers Land fahren. Ist man dann mal da, an diesen versteckten »Secret Places«, wird man warmherzig empfangen – und manchmal fühlt es sich wie bei Oma im Garten an.

Berge oder Meer? Das braucht man fürs Campingglück in Kroatien nicht unbedingt. Auch »mittendrin« gibt es zauberhafte, oftmals versteckte Campingplätze zu entdecken. Manche überraschen mit ihrer Lage: mitten im Weinberg, in einem Storchendorf, auf einer Pferderanch oder im Mandarinengarten. Manchmal ist es einfach eine grüne Wiese hinter dem Haus, auf der man sich ganz unkompliziert ein lauschiges Plätzchen suchen darf. Zwei, drei Handvoll Parzellen – alles ganz familiär. Die Betreiber kochen manchmal selbst, im Ausflugslokal nebenan oder servieren ihren hausgemachten Wein. Zeit für einen Plausch ist hier immer, und wer Land und Leute kennenlernen will, ist an diesen »Secret Places« goldrichtig.

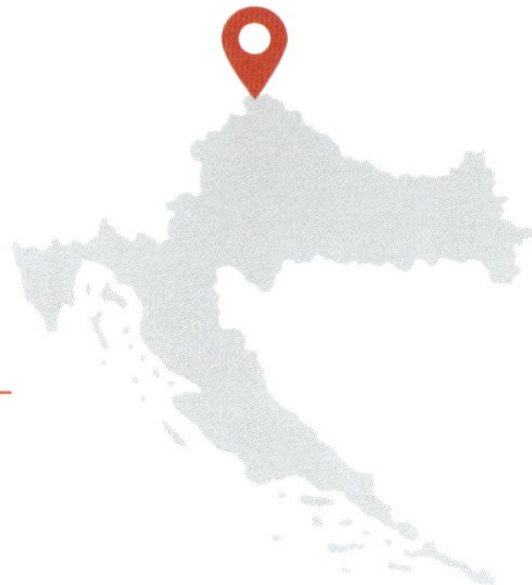

45 Berauschendes Campingglück

In Sveti Martin nächtigt man mitten im Weinberg

Haben Sie schon einmal auf Chardonnay übernachtet? Nicht beschwipst über dem Weinglas eingedöst, sondern so richtig, also von Kopf bis Fuß? Das geht auf Kroatiens nördlichstem Campingplatz, auf dem die Parzellen nach Rebsorten benannt sind.

Campen mit Blick auf Rebstöcke und sanfte Weinberge, und das in alle Himmelsrichtungen? Das geht in Kroatiens nördlichstem Ort, Sveti Martin na Muri, den nur die Mur (Mura) von Slowenien trennt. Wer hierherkommt, hat meist ein angenehm-wohliges Ausflugsziel: das Thermalbad, in dem man herrlich im warmen Wasser herumdümpeln, Rutschen ausprobieren oder sich mit ein wenig Wellness verwöhnen kann. Das alles gibt es praktischerweise in Laufweite – denn das Wine Camp Hažić erstreckt sich oberhalb der Therme, mitten in den Weinbergen.
Die Betreiber des Campingplatzes, Sie ahnen es bereits, keltern auch vorzügliche Weine: weiße Sorten, die für die Region Međimurje typisch sind, aber auch Fruchtsäfte aus Äpfeln und Aronia-Beeren. Wer hier campt, kann sich nicht nur durchprobieren, sondern auch ein Frühstück buchen, das morgens im Weinhaus serviert wird.

Die Schiffsmühle ist heute ein Museum

Der Campingplatz fügt sich terrassenförmig in den Weinberg ein, mit geschotterten Parzellen, lichtdurchfluteter, moderner Rezeption, Sanitärräumen und ein paar bunten Wipptieren für Kinder. Alles ist sehr überschaubar, aber überaus gepflegt und einladend. Wer nicht gerade im Thermalbad weilt, sollte den Hirschen in der Umgebung einen Besuch abstatten, die ganz in der Nähe auf einer Farm leben. Wenige Kilometer weiter, im Ortskern von Sveti Martin, gibt es sogar eine kleine Strandbar und fest installierte wellenförmige Liegen am Ufer der Mur. Dschungelartig zeigt sich der Fluss ein Stück weiter, mit einem Lehrpfad auf den Spuren der alten Müller. Früher gab es entlang der Mur – auch in Österreich und Slowenien – viele schwimmende Schiffsmühlen, in denen Getreide gemahlen wurde. Jene in Sveti Martin ist heute nur noch ein Museum, hübsch aufbereitet und mit kleiner Ethno-Ausstellung sowie einer Mur-Fähre, *skela* genannt. Überhaupt ist diese Ecke an der Mur einen Besuch wert, mit grüner Wiese, Spielplatz und Ausflugscafé, in dem der üppige Vierlingsstrudel, *Međimurska gibanica*, mit Äpfeln, Mohn, Topfen/Quark und Strudelteig serviert wird. Hier, direkt an der Mur, kommt man innerhalb Kroatiens nicht weiter nach Norden.

← Früher in Bewegung, heute ein Museum: die Mühle an der Mur bei Žabnik

Info

Wine Camp – Vinska kuća Hažić, Jurovčak 37, 40313 Jurovčak, www.opg-hazic.com

SIGHTSEEING
Thermalbad Terme Sveti Martin, www.termesvetimartin.com

ESSEN UND TRINKEN
Weinprobe am Platz; Restaurant Potrti Kotač, Jurovčak 79, 40313 Jurovčak, www.potrti-kotac.com

ACTION UND AUSFLÜGE
Wassermühle in Žabnik mit Müller-Wanderweg (Mlinarski put) an der Mur; Mur-Drau-Radweg; futuristischer Aussichtsturm im Weinberg in Lendava (Slowenien) mit Blick auf vier Länder, www.vinarium-lendava.si; Barockstadt Varaždin mit Schloss, Hauptplatz, Kirchen und Insektenmuseum Svijet kukaca im Hertzer Palais (Palača Hertzer), Franjevački trg 6, Varaždin

ANREISE
Bei Maribor (Slowenien) auf die A5 fahren und den Grenzübergang Lendava nehmen, dann rechts halten in Richtung Terme Sveti Martin (Beschilderung)

TOURISTENINFORMATION
www.visit.svetimartin.hr, www.visitmedimurje.com

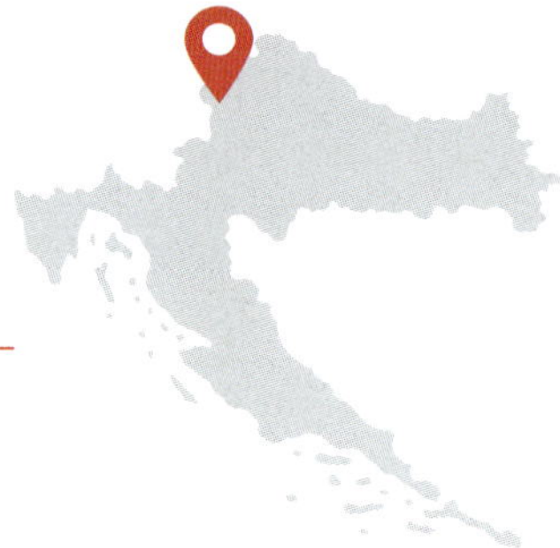

46 Unter der Erde blubbert es

Im Zagorje ist Thermencamping angesagt

Gegen Herbststürme hilft nur eins: ab ins Thermalbad, im badewannenwarmen Wasser herumdümpeln und ein gutes Essen als Krönung. Das geht im Zagorje in Nordkroatien, wo Therme und Campingplatz ein vertrautes Paar sind – zu jeder Jahreszeit.

Eine gewellte Landschaft mit Thermalbädern, Burgen und bodenständiger Küche: Die Gegend um das Hrvatsko Zagorje, wörtlich das Land »hinter den Hügeln«, nördlich von Zagreb hat ihre Reize. Das wissen die Hauptstadtbewohner längst, die sich hier gerne am Wochenende entspannen: Ganzjährig ist das in den Terme Tuhelj in Tuheljske Toplice möglich – mit gewundenen Rutschen, Wellenbad, Lazy River, allerlei Spritzdüsen und mehreren Außen- und Innenpools. In der Wellnessoase geht es nach der finnischen Extremsauna zum Abkühlen in die Eishöhle. Das alles macht müde. Zelt, Campingmobil oder Mobilheim warten praktischerweise direkt nebenan, ohne lange Fußwege, denn der Campingplatz Vita gehört zum Thermalbad. Einige der gekiesten Parzellen haben Strom-

↗ Ein Abschnitt ist für Mobilheime reserviert: das luxuriöse Glamping Village.
← Erholung unter der Markise – neben der Therme

und Wasseranschluss, andere auch Abwasser. In den Sanitärräumen gibt es sogar zwei Familienduschen und eine für Kinder – alles modern und neu angelegt. Wer spätabends ankommt, findet zwei Nachtstellplätze zum Parken.

Štrukli sind aus Strudelteig

Die Terme Tuhelj sind nicht das einzige Thermalbad in der Gegend: Das Zagorje erstreckt sich auf einem Gebiet mit geothermischer Aktivität, das Wasser wird im Erdinnern erwärmt. Schon die Römer sollen die heißen Thermalquellen geschätzt haben. Genug gebadet? Dann tun Sie es den Zagrebern gleich, und gönnen Sie sich noch einen Restaurantbesuch. Das Schlösschen Dvorac Mihanović, das die Thermen betreiben, hat Tradition – ohne dabei die Urlaubskasse komplett zu schröpfen. Zu den kulinarischen Klassikern im Zagorje gehören *štrukli*, mit Topfen gefüllter Strudelteig, und – nach Vorbestellung – Truthahn mit *mlinci*, mit Bratensaft aufgebrühte Teigplatten, übrigens der Weihnachtsklassiker in Nordkroatien. Nach einem üppigen Mahl weiß man die Nähe zum Verdauungsschlafplatz, pardon, Campingplatz, umso mehr zu schätzen.

Info

Kamp Vita Terme Tuhelj und Glamping Village, Ulica Gaja 4, 49215 Tuheljske Toplice, www.terme-tuhelj.hr

SIGHTSEEING
Neandertaler-Museum, Šetalište Vilibalda Sluge bb, 49000 Krapina, mkn.mhz.hr; Skulpturengalerie und Studio des Bildhauers Antun Augustinčić, Trg Antuna Mihanovića 10 (Galerie) bzw. Ulica dr. Ivana Broza 2 (Studio), 49290 Klanjec, www.gaa.mhz.hr; Tito-Geburtshaus und Museum Staro selo, Ulica Josipa Broza 18, 49295 Kumrovec

ESSEN UND TRINKEN
Schlossrestaurant Dvorac Mihanović beim Thermalbad; Pizzeria Oro-Goro, Ulica Marije Jurić Zagorke 25, 49243 Oroslavje, www.orogoro.hr

ACTION UND AUSFLÜGE
Terme Tuhelj mit Wasserwelt Vodeni planet; Schloss Trakošćan, Trakošćan 4, 42253 Bednja, www.trakoscan.hr; Burg Veliki Tabor, Košnički Hum 1, 49216 Desinić, www.veliki-tabor.hr

ANREISE
Autobahn A 2 bis Ausfahrt 5 – Zabok, dann der Straße D 205 bis Tuheljske Toplice folgen

TOURISTENINFORMATION
www.biserzagorja.hr

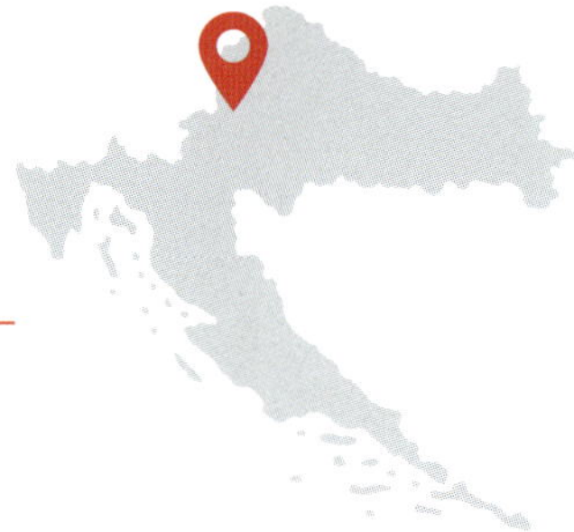

47 Stadt, Land, See

Alle Wege führen nach Zagreb

Zagreb – da waren Sie noch nie? Dabei ist Kroatiens Hauptstadt eine gemütliche Metropole, in der man sich einfach treiben lassen kann. Und zum nächsten Kaffeestopp ist es nie weit. Für urbane Entdeckungstouren campt man westlich der Stadt an einem See.

Mitteleuropäisch! Das ist Zagreb. Eine Stadt, in der stundenlange Kaffeehausbesuche mit einer süßen *kremšnita* oder *šaumrolna* ebenso wie das Nationaltheater in Schönbrunner Gelb dazugehören. Geduckte Häuser in der Oberstadt, Jugendstilpaläste in der Unterstadt und würfelförmige Wohnkästen in der Neustadt, südlich der Save, ergänzen sich hier.
Um die Hauptstadt mit ihren mit ihren 770 000 Einwohnern zu erkunden, eignet sich der Campingplatz Camp Zagreb. Der erstreckt sich westlich der Stadt im Dorf Rakitje am gleichnamigen See. Die Lage ist gut gewählt, denn aus allen Himmelsrichtungen kommt man genau hier vorbei. Wer aus dem Westen, über Ljubljana, anreist, setzt keine fünf Kilometer nach der slowenischen Grenze den Blinker, um abzubiegen. Auch wer von Norden, Osten oder Süden kommt, kann hier ohne lange Umwege einen Zwischenstopp in Autobahnnähe einlegen. Oder gleich länger bleiben, denn einfach nur zu übernachten, wäre schade – dafür ist Zagreb einfach zu charmant. Doch auch der Campingplatz, den es erst seit einigen Jahren gibt, kann sich sehen lassen: wenig Schatten, aber überraschend grün und sogar mit einem kleinen Strand aufgehübscht. Die rund 50 Parzellen gruppieren sich kreisförmig um die Sanitärräume. Strom gibt es überall, für Wohnmobile ist eine komplette Ver- und Entsorgung am Platz möglich. Wer kein eigenes Domizil dabeihat, kann aus einer Handvoll moderner Holzbungalows mit Küche, Klimaanlage und Terrasse wählen. Alternativ

Tipp

Einen guten Überblick verschafft man sich vom Hausberg Sljeme aus, auf den eine moderne Seilbahn hinaufsurrt – zum Wandern, Aussicht-Genießen oder Skifahren. Mit der Tram (Nr. 14, dann Nr. 15) kommt man aus der Innenstadt direkt bis zur Talstation im Nordosten der Stadt. Infos unter https://zicarasljeme.com

↗ In Zagrebs Kneipen- und Cafémeile Tkalčićeva ulica ist immer was los.

SOUVENIRS

Der Adventsmarkt in Zagreb gilt als einer der schönsten in Europa.

gibt es ein hölzernes Glamping-Zelt am See, das funktional – mit Bett, Tischchen, Hocker und eigenem Bad – eingerichtet ist. Oder ein Luxusapartment mit Wasserbett und eigener Sauna.

Am Strand das Wochenende einläuten

Wer ein paar Kalorien verbrennen will, kann sich am Platz ein Kajak mieten oder ein Fahrrad ausleihen, mit dem sich der See umrunden lässt. Auch Reitausflüge können organisiert werden. In der mit einem Holzofen gesegneten Pizzeria am Platz lassen sich die abtrainierten Kalorien bestens wieder ausgleichen. Oberhalb des Restaurants befindet sich ein Wellnessbereich mit finnischer Sauna, Jacuzzi und Massagen. In der modernen Lounge-Bar am Strand läutet jeden Freitagabend ein DJ bei einer After-Work-Party das Wochenende ein. Und für das gelungene Frühstück am nächsten Morgen sorgt der Brötchenservice am Platz.

Wer ins Zentrum will, findet den nächsten Bahnhof in Podsused, Zagrebs westlichstem Stadtteil, zwei Kilometer vom Platz entfernt. Mit dem kostenlosen Shuttlebus des Campingplatzes kommt man zur Bahnstation und steigt 20 Minuten später in Zagreb aus – ohne Parkplatzsuche. Gepflegte Grünanlagen führen dort schnurgerade durch die Unterstadt ins Zentrum, es geht an repräsentativen Häusern mit Ministerien und Museen vorbei. Auf dem Weg in die Oberstadt überquert man den Hauptplatz, Trg bana Jelačića, mit dem Reiterdenkmal, Kaffeehäusern und Prachtfassaden. Die knallblauen Trambahnen treffen sich hier, linker Hand zieht sich die Haupteinkaufsstraße Ilica kilometerweit nach Westen. Folgt man ihr, aber nur kurz, kommt man zur nostalgischen blauen Standseilbahn: Diese verbindet Unter- und Oberstadt in nur einer halben Minute Fahrtzeit miteinander.

Von früh bis spät Kaffee trinken

Man kann aber auch einfach die Stufen hinter dem Hauptplatz erklimmen, und schon ist man auf dem größten und buntesten Bauernmarkt des Landes, dem Dolac. Rechter Hand die Kathedrale, deren eine Spitze beim jüngsten Erdbeben im Frühjahr 2020 abgefallen ist und deren andere vorsorglich abgenommen wurde. Linker Hand die lebendigste Gasse der Stadt, die Tkalčićeva ulica, mit Cafés dicht an dicht. Hier trinken die Zagreber von frühmorgens bis spätabends ihre *Kava*, meist als Espres-

↗ Der Feldherr Ban Jelačić wacht hoch zu Ross über Zagrebs Hauptplatz.
← Kreisrund am See campt man hier.

so, aber auch Gäste der Stadt tummeln sich hier gerne. Wer noch Muse hat, wirft einen Blick auf die Markuskirche (Sveti Marko) mit ihrem bunten Dach, das das kroatische Staatswappen abbildet. Wer in der Vorweihnachtszeit nach Zagreb kommt, erlebt heimeligen Hüttenzauber auf einem der schönsten Adventsmärkte Europas. Zagreb wurde dafür bereits mehrfach ausgezeichnet, und die Atmosphäre ist dann eine besondere – auch auf dem Campingplatz, der das ganze Jahr über geöffnet hat.

Info

Camp Zagreb, Jezerska ulica 6, 10437 Sveta Nedelja-Rakitje, www.campzagreb.com

SIGHTSEEING

Stadtbummel durch Zagreb mit Unter- und Oberstadt, Kathedrale sowie Bauernmarkt Dolac; Museum der zerbrochenen Beziehungen, Ćirilometodska ulica 2, 10000 Zagreb, www.brokenships.com; Stadtpark Maksimir mit Zoo; Stadtbummel durch Samobor mit *Kremšnita*-Essen im Kaffeehaus Livadić im Zentrum, www.tz-samobor.hr

ESSEN UND TRINKEN

Restaurant und Pizzeria am Platz; bosnisches Restaurant Sevdah, Ulica Franje Tuđmana 13, 10437 Sveta Nedelja-Rakitje, www.sevdah-restoran.com

ACTION UND AUSFLÜGE

Ausflug auf den Hausberg Sljeme (siehe Tipp) im Medvednica-Gebirge; Wandern und Radfahren im Naturpark Žumberak-Samoborsko gorje, www.pp-zumberak-samoborsko-gorje.hr

ANREISE

Aus Richtung Ljubljana auf der Autobahn A1 Ausfahrt 2 – Sv. Nedelja nehmen, beide Male am Kreisverkehr die erste Abfahrt rechts nehmen, Beschilderung

TOURISTENINFORMATION

www.visitzagrebcounty.hr, www.infozagreb.hr

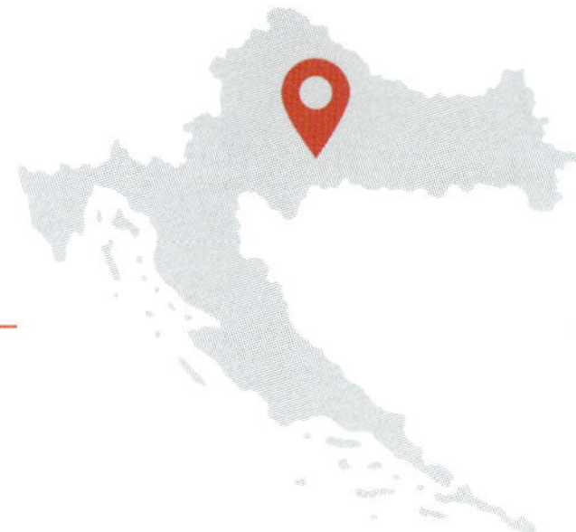

48 Schnabelgeklapper auf dem Kamin

Im Storchendorf Čigoć wird im Sumpfgebiet gezeltet

Kopf hoch! Im Storchendorf Čigoć thront auf gefühlt jedem zweiten Schornstein ein Nest, so groß wie ein Wagenrad. Wer auf dem Mini-Campingplatz Tradicije absteigt, teilt sich das Dörfchen mit Adebar, mitten in einer der größten Auenlandschaften Europas.

Vier dünne Klapperbeine und zwei Schnäbel ragen aus dem Nest, das oben auf dem Schornstein sitzt: Die gehören Papa und Mama Storch, die ihren Nachwuchs gerade fit für den großen Flug nach Süden machen. Spätestens am Bartholomäustag, dem 24. August, sind die gefiederten Dauergäste wieder weg – und die Dorfbewohner von Čigoć verabschieden sie mit einem kleinen Fest. Wer danach kommt, sieht nur noch leere Nester auf den traditionellen Moslavina-Holzhäusern. So eines ist auch das Anwesen Tradicije-Čigoć, mit Gästezimmern, Restaurant mit Hausmannskost – vor allem Karpfen und Zander sind eine Empfehlung – und einer kleinen Ethno-Sammlung mit allerlei Alltagsobjekten. Davor wird auf der grünen Wiese gezeltet, in ruhiger Lage am Fluss. Gerade mal zwei Handvoll Plätze gibt es, alle mit Strom und ideal für Zeltcamper. Auch das Waschhaus ist im regionalen Holzbaustil. Dass die Weißstörche jedes Jahr erneut nach Čigoć kommen, liegt nicht nur an den mächtigen Schornsteinen, die die Nester tragen, sondern

↗ Das romantische Storchendorf Čigoć
↗ Kaum ein Haus ohne Storchennest
← Grünes Sumpfgebiet in den Save-Auen

auch am reich gedeckten Tisch. Čigoć, das 1994 zum ersten Storchendorf Europas gekrönt wurde, liegt mitten im Naturpark Lonjsko polje, einem weitläufigen, dünn besiedelten Sumpfgebiet an der bosnischen Grenze – mit vielen Fröschen und Fischen. Durch das über 500 Quadratkilometer große Feuchtbiotop, eines der größten in Europa, bahnt sich die Save (Sava) ihren Weg. Im Krieg der 1990er-Jahre verlief die Front ganz in der Nähe.

Im Naturpark Lonjsko polje

Vier Besucherzentren, in denen Eintritt fällig wird, gibt es, eines davon in Čigoć. An jedem Eingang lässt sich etwas anderes entdecken: Bei Struga kann man dem Solarboot durch das Schilf fahren und im Frühjahr knallgelbe Schwertlilien bestaunen. Bei Krapje gibt es ein Vogelreservat, in dem rund 240 Arten gezählt wurden – darunter auch Schwarzstorch, Seeadler, Reiher und Löffler, die als Wahrzeichen des Naturparks gelten.
Doch auch wenn die Störche schon fort sind, lohnt der Naturpark Lonjsko polje. Hier lässt sich Ruhe und Abgeschiedenheit erleben. Die Gegend ist sehr dünn besiedelt, man trifft Radfahrer, mal ein Auto – an Sommerwochenenden sind es ein paar mehr. Die Abgeschiedenheit mögen eben auch die Störche, die im nächsten Frühjahr wiederkehren.

Info

Tradicije-Čigoć, Čigoć 7a/Gušće, 44000 Čigoć, www.tradicije-cigoc.hr

SIGHTSEEING
Mini-Sammlung regionaler Alltagsgegenstände, am Platz; Storchendorf Čigoć; Ethno-Dorf Stara Lonja

ESSEN UND TRINKEN
Etno-Restoran Tradicije, am Platz; Fischrestaurant Kod ribića (»Beim Fischerq), Ulica Vladimira Nazora 14, 44324 Jasenovac, www.kod-ribica.com

ACTION UND AUSFLÜGE
Spaziergang auf dem Lehrpfad »Staza posovaca« bei Čigoć und zum Vogelbeobachtungsturm »Storch« (Vidikovac Roda); Besucherzentrum in Krapje, Krapje 16: Lehrpfad, Vogelreservat Krapje đol, Fahrt mit Solarbooten; Gedenkstätte des ehemaligen Konzentrationslagers Jasenovac, www.jusp-jasenovac.hr

TOURISTENINFORMATION
www.pp-lonjsko-polje.hr

Traumstraßen in Kroatien

Kurvenreich in den Süden

Berge oder Meer? Der Partner mag schroffe Felswände, man selbst lieber Inseln? Bei einem Roadtrip entlang der Jadranska magistrala bekommt man beides unter einen Hut. Kurvenreich, aber breit genug für alle, schlängelt sich die Adriamagistrale gut 650 Kilometer die Küste entlang – südlich von Rijeka bis zur montenegrinischen Grenze. Traumhaft schön wird es im Süden: An der 60 Kilometer langen Makarska Riviera, zwischen Split und Dubrovnik, wachsen Felswände direkt neben der Fahrbahn steil empor, und auf der anderen Seite flankiert das Meer die Traumstraße. Folgt man der D 8, so lautet ihre Nummerierung in Kroatien, kommt man – auch ohne Navi – zu den schönsten Küstenstädten: Zadar mit seiner Meeresorgel, Šibenik mit seinen vier Festungen, Split mit seiner Altstadt im Diokletianspalast oder das von einer Wehrmauer umgürtete Dubrovnik. Nur manchmal, wenn gedrängelt, gehupt und haarscharf überholt wird, braucht es reichlich Gelassenheit auf der Küstenmagistrale.

An der Adria und im Gebirge

Eigentlich ist die »Jadranska turistička cesta« (Adria-Tourismusstraße), die in den 1960er-Jahren unter Tito gebaut wurde, über 1000 Kilometer lang: Sie beginnt in der Nähe von Triest, verläuft durch Slowenisch-Istrien, ganz Kroatien, bei Neum auch durch Bosnien-Herzegowina und endet in Ulcinj im Süden von Montenegro. In Istrien hat die Magistrale aufgrund moderner Schnellstraßen, die parallel verlaufen, jedoch an Bedeutung verloren. Schön ist die D 66 an der Ostküste entlang dennoch! Entschleunigend sind auch die »alten« Straßen ans Meer, die noch aus k.u.k.-Zeiten stammen und durch die Bergregionen Gorski kotar und Lika führen. Unterwegs kommt man an Restaurants vorbei, vor denen sich am Wochenende Spanferkel am Grill drehen. Dafür heißt es bei Karlovac südlich von Zagreb: runter von der Autobahn, hinauf auf die Lujzijana (Karlovac–Rijeka via Delnice), Karolina (Karlovac–Rijeka via Ravna Gora), Jozefina (Karlovac–Senj) und Rudolfina (Ogulin-Novi Vinodolski). Grandiose Ausblicke auf die Adria garantiert die Panoramastraße D 25 durch das Velebit-Gebirge zwischen Gospić und Karlobag.

Inselhopping mit dem Camper

Inselhopping geht auch mit dem Campingfahrzeug! Vor der kroatischen Adriaküste breiten sich 1246 Inseln, Eilande und Riffe aus. Nur 48 von ihnen sind allerdings bewohnt, und auf 17 von ihnen gibt es Campingplätze. Jede hat ihren eigenen Charme: Kilometerweit nur Macchia, Trockenmauern und Schafe gibt es auf Cres, der Süden von Lošinj wartet mit subtropischem Klima auf, und um Hvar-Stadt kreisen Luxusjachten. Perfekt für das Urlaubsbudget ist Inselhopping ohne Fährüberfahrt. Wie das geht? Fünf Inseln sind mit einer Brücke ans Festland angeschlossen: Krk, Pag, Vir, Murter und Čiovo (bei Trogir). Sie alle sind auf jeden Fall einen Besuch wert!

↑ Zeit für eine Fahrpause muss sein.
↖ Wildromantische Adriamagistrale

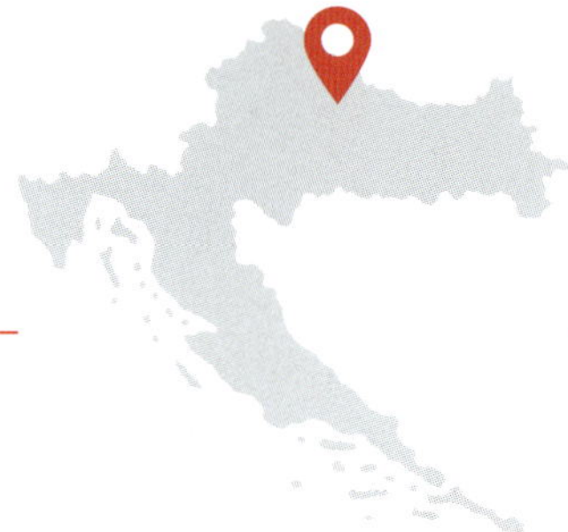

49 Aufwachen zwischen Maisfeld und Weinberg

Land und Leute der Bilogora kennenlernen

Ist das eigentlich schon ein Gebirge? Die Bilogora, die sich über 80 Kilometer zwischen Drau und Save im Osten Kroatiens erstreckt, gilt als die niedrigste Bergkette des Landes. Der Campingplatz: inmitten von Weinbergen, Maisfeldern und Pferdekoppel.

Dreihundertneun Meter sind hier schon die Ausnahme. Höher sind die Kuppen der Bilogora, auch Bilogorje genannt, nicht. Die sanfte Hügelkette erreicht man gut eine Autostunde nordöstlich von Zagreb nahe der Kleinstadt Bjelovar. Wer ins Bilogorje will, muss übers Land, bestenfalls ein Stück über die Schnellstraße. Die Autobahnen nach Budapest und Belgrad verlaufen anderswo, und der Trubel der Adria ist weit weg. Die Gastgeber hier sind freundlich, das Essen üppig und gut, der Wein ohnehin. Der ist größtenteils weiß und reift an den Rebhängen der Region – so auch auf dem Campingplatz Vinia im Dörfchen Puričani. Das erreicht man, wenn man kurz nach Bjelovar von der Hauptstraße nach Đurđevac abzweigt und den Schildern folgt, die Besucher zum Agroturizam Šapić leiten. Der Campingplatz ist eigentlich ein Ausflugsrestaurant mit Weinkeller und Reiterhof. Um Essen, Trinken und Bewegung muss man sich hier also schon mal keine Gedanken machen.

Eine Handvoll Parzellen gibt es auf dem Gelände. Die sind mit handgemalten Holztafeln nummeriert, mit Stromsäulen ausgerüstet, und die Ver- und Entsorgung von Wohnmobilen ist gewährleistet. Zudem passen mindestens ein Dutzend Zelte auf die grüne Wiese. Ein hölzerner, rustikaler Unterstand im Ranch-Stil ist auf dem Platz zum Geschirrspülen da.

Morgens der Blick auf die Rebstöcke

Zippt man morgens den Reißverschluss des Zeltes auf oder öffnet die Wohnmobiltür, schaut man – je nach Richtung – entweder direkt auf das Maisfeld oder auf die Rebstöcke, die im Weinberg Spalier stehen. Je nachdem, ob man Eule oder Lärche ist, sind die Pferde dann vor dem Stall und werden gerade gebürstet oder warten schon auf der Koppel auf Reiter,

→ Landleben wie früher wird im Etno park Veliko Trojstvo präsentiert.

um auf dem gut ausgebauten Netz an Reitwegen eine Runde zu traben. Doch erst einmal wird im Restaurant am Platz gefrühstückt, mit frischem Weißbrot, dampfendem Kaffee, Käse, Wurst und Marmelade. Besonders gemütlich sitzt man auf der erhöhten hölzernen Veranda mit Aussicht, aber auch im luftigen Innenhof auf Holzbänken. Von dort hat man Küche, Koppel und Kunden im Blick, die sich die eine oder andere Kiste Wein ins Auto laden – und sich anschließend noch einen Morgenkaffee gönnen.

Tipp

Bei Đurđevac gibt es echte Dünen! Der feine Sand in den Đurđevački pijesci wurde über die Jahrtausende von der Drau angespült und durch Pflanzen stabilisiert. Mehr als 300 Schmetterlingsarten sind auf dem 20 Hektar großen Naturschutzgebiet zu Hause. Infos zu den Sanddünen: https://visitdjurdjevac.hr/durdevacki-peski

Ein Whirlpool für alle

Falls die Sache mit dem Schönwetter-Camping nicht klappt: Statt im verregneten Zelt oder Campingfahrzeug zu kauern, zieht man einfach um – in eines von fünf ansprechenden Zimmern, die in dem vanilleeisgelben Wohnhaus zwischen Restaurant und Parzellen vermietet werden. Von dort guckt man dann den Regentropfen zu, die gegen die Scheiben prassen. Blitzt die Sonne dann wieder hervor, locken die hölzernen Lounge-Liegen neben dem kleinen Whirlpool vor dem Haus – den alle nutzen dürfen. Im Hochsommer ist es wunderbar hier, denn dann ist es warm und ruhig – da gefühlt alle am Meer sind. Im September kommen ein paar mehr Gäste, die auf dem Rückweg von der Adria in ihre Heimat sind. Insgesamt bleibt aber alles noch überschaubar, da der Campingplatz relativ jung ist. Camping im Weinberg macht Lust auf eine Verkostung: Weiße Sorten wie Graševina/Welschriesling, Pinot sivi/Pinot gris, Rajnski rizling/Riesling, Traminac/Traminer und Muškat žuti/Gelber Muskateller gedei-

↑ Handgemalte Parzellenschilder am Platz
↙ In der sanft geschwungenen Bilogora stehen die Rebstöcke Spalier.

Im Weinbaugebiet Prigorje-Bilogora, zwischen Drau und Save, wird vorzüglicher Weißwein gekeltert.

hen hier besonders gut, darauf hat sich die freundliche Betreiberfamilie Šapić spezialisiert. Überhaupt werden im Weinanbaugebiet Prigorje-Bilogora, das als das kälteste in Kroatien gilt, vorzügliche Weißweine von vielen kleinen Winzern angebaut.
Die teilweise winzigen Weinberge sieht man bei einem Ausflug in die nähere Umgebung. Mit dem Fahrrad oder Camper kommt man rasch zu einem hölzernen Aussichtsturm in der Nähe von Veliko Trojstvo – mitten im Nirgendwo, aber schön malerisch und nicht weit vom Campingplatz. In der Dorfmitte gruppieren sich ein paar hübsch restaurierte, traditionelle Häuser mit Alltagsgerät im Etno park Veliko Trojstvo. Hübsch für ein paar Fotos! Und wenn mal schon mal da ist: Bjelovar, die größte Stadt der Region, lädt mit einem zentralen Park mit Pavillon, Museum und ein paar Cafés auf einen Abstecher ein. Barutana, ein weitläufiger Gedenkpark mit Kriegsartillerie, erinnert an ein trauriges Kapitel der kroatischen Geschichte – den Krieg und die Gefallenen der 1990er Jahre. Wer sich für Land und Leute interessiert, kann hier hinter die Kulissen der makellosen Adriaküste schauen!

Info

Izletište i vinotočje Vinia, Puričani 40, 43000 Bjelovar-Puričani, www.vinia.hr

SIGHTSEEING
Aussichtsturm (Vidikovac) und Etno park in Veliko Trojstvo; Stadtmuseum in Bjelovar (Gradski muzej) mit Stadtpark, Trg Eugena Kvaternika 1, 43000 Bjelovar, www.gradski-muzej-bjelovar.hr; Kriegsgedenkstätte Barutana, 43000 Bjelovar

ESSEN UND TRINKEN
Restaurant am Platz; Kaffeehaus und Konditorei (Kavana i slastičarna) Zagorje, Ulica Ivana Viteza Trnskog 15, 43000 Bjelovar-Centar

ACTION UND AUSFLÜGE
Weinstraße Prigorje-Bilogora; Bilogorska-Reitweg (Bilogorska konjička staza); Sanddünen von Đjurđevac (Đurđevački pijesci)

ANREISE
Auf der Autobahn A4 in Richtung Budapest, am Autobahnkreuz Sveta Helena bis Bjelovar, dort am Kreisverkehr rechts Richtung Đurđevac halten, der Abzweigung Puričani und der Beschilderung »Agroturizam Šapić/Vinia« folgen

TOURISTENINFORMATION
www.tzbbz.hr

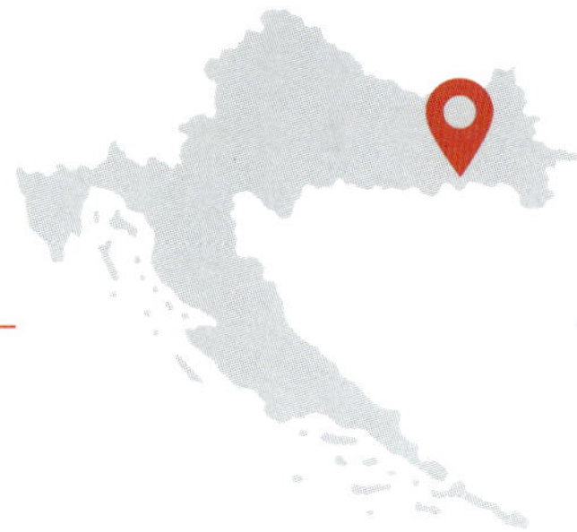

50 Reiterhof mit Weinprobe

Pferde und Winzerfreuden in Slawonien

Was verbindet das französische Rhonetal, das italienische Piemont und das slawonische Gračin miteinander? Das erfährt man auf diesem idyllischen Reiterhof, der mit einem Campingplatz, Bungalows, Hostel und einem beliebtem Ausflugslokal aufwartet.

Nur so viel sei verraten: 45,3. Diese Zahl spielt eine Rolle. Das ist nämlich der Längengrad, der sich vom französischen Rhonetal über das norditalienische Piemont durch Garčin hindurchzieht, unweit von Slavonski Brod. Auf diesem Längengrad gedeihen Rebsorten, die vorzügliche Weine hervorbringen – auch wenn die slawonischen Tropfen international noch nicht allzu bekannt sind. Wer jedoch in der Gegend unterwegs ist, sollte sie unbedingt probieren. Das geht ganz entspannt, wenn man auf einem der seltenen Campingplätze in Slawonien übernachtet.

Die Betreiber der Ranč Ramarin – eigentlich ein Reiterhof mit einem beliebten Ausflugslokal – kümmern sich nämlich nicht nur um Reiter, Restaurant- und Campinggäste, sondern auch um Weinliebhaber. Ganz in der Nähe, nur wenige Minuten entfernt, bewirtschaften sie auch einen Weinberg mit 5000 Rebstöcken: Traminac/Traminer, Crni Pinot/Pinot noir – und der in Slawonien meistgetrunkene Graševina/Welschriesling. Das klassische Restaurant ist in rustikaler »Ranch«-Bauweise gehalten und wird gerne für Familienfeiern genutzt. Auf der Speisekarte stehen jede Menge Grillgerichte, aber auch Speisen mit und aus Süßwasserfischen – etwa knusprige Karpfenchips.

Reiterferien auf dem Hof

Das weitläufige Gelände mit vier künstlichen kleinen Seen – einer davon hat die Form eines Pferdes – wirkt wirkt ausgesprochen malerisch. Campingfahrzeuge reihen sich auf gekiesten Parzellen schattenlos nebeneinander. Übernachten kann man auch in Mietbungalows. In einem von ihnen ist das Waschhaus untergebracht, mit Duschen, WCs sowie Anschlüssen für Wasser, Strom und Abwasser.

↗ Pferdezucht mit Tradition in Đakovo
↗ Camping-Ranch mit vier Seen

Wer länger bleibt, kann Reiterferien auf dem Hof verbringen. Dafür stehen professionelle Reitlehrer bereit. Auch für Kinder werden Ausritte angeboten, und wer schnuppern will, reitet einfach einmal, zweimal oder dreimal im Kreis – ideal für Kinder, um sich erst mal mit den Tieren vertraut zu machen.

Auch den Erwachsenen wird hier nicht langweilig, es besteht etwa die Möglichkeit zum lizenzierten Angeln, und mit einem Leihfahrrad kann die Gegend erkundet werden. Und dann sind da noch die Weinproben, die die Gastgeber anbieten – ein Hauch von Rhonetal oder Piemont, mitten in Slawonien.

Info

Ranč Ramarin, Gardunska ulica 18, 35212 Garčin, www.ranc-ramarin.hr

SIGHTSEEING
K.u.k.-Festung Brod mit Tambura-Museum (Muzej tambure), Vukovarska ulica 1, 35000 Slavonski Brod; Gedenkgalerie (des Bildhauers) Ivan Meštrović, Trg dr. Franje Tuđmana 12, 35210 Vrpolje, www.sgimv.hr

ESSEN UND TRINKEN
Restaurant am Platz; Restaurant Kuća Dida Tunje, Ulica hrvatskih velikana 65, 35213 Oprišavci, www.kucadidatunje.hr

ACTION UND AUSFLÜGE
Reitkurse am Platz; Kathedrale von Đakovo, Strossmayerov trg 6, 31400 Đakovo; Staatliches Lipizzaner-Zuchtgestüt – Hengststall mit Auftritten, Ulica Augusta Šenoe 45, 31400 Đakovo und Zuchtstall in Ivandvor, www.ergela-djakovo.hr

ANREISE
Auf der Autobahn A 3 Ausfahrt 15 – Slavonski Brod-Istok nehmen, dann auf der Straße 4202 bis Garčin

TOURISTENINFORMATION
www.tzgsb.hr

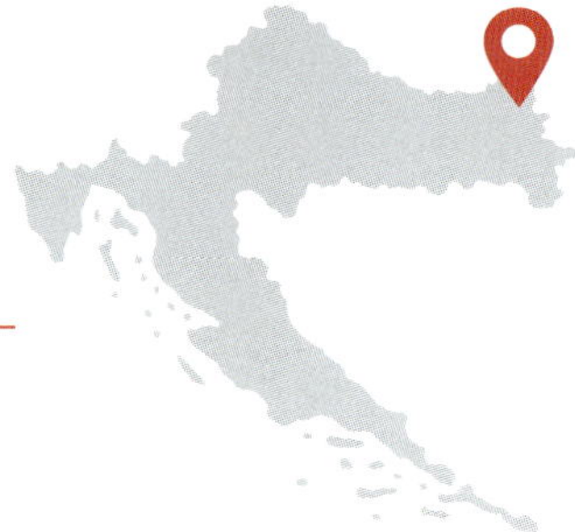

51 Die Sumpfwelt der Schildkröten

Unterwegs im Naturpark Kopački rit

Dieser familiäre Campingplatz könnte gar nicht besser liegen: Zu Fuß erreicht man nach wenigen Minuten das Besucherzentrum im Naturpark Kopački rit, dem Überflutungsgebiet von Donau und Drau, in dem Graureiher, Kormorane und Schildkröten leben.

Überbordendes Grün, Vogelgezwitscher und Froschgequake: So wird man im Naturpark Kopački rit begrüßt, einem Feuchtbiotop, das so groß wie 30 000 Fußballfelder ist. Er erstreckt sich am Zusammenfluss von Donau und Drau, in Kroatiens nordöstlichstem Winkel, der Baranja an der Grenze zu Serbien und Ungarn. Also ein länderübergreifendes Naturparadies, mit einem der wenigen Campingplätze im Osten Kroatiens. Am besten erschließt man sich das Sumpfgebiet mit einem Ausflugsboot, das von einem Ranger begleitet wird. Der zeigt und erklärt, was gerade vorbeizieht: dort eine Schildkröte auf einem Seerosenblatt, hier ein Froschchor quakend zwischen Schilf und Binsen. Vier Echsen- und fünf Schlangenarten kennt man hier sowie 140 Vogelarten – darunter Wildgänse, Kormorane und Seeadler.

Wer keine Bootsfahrt durch die Flussauen macht, erschließt sich das Vogelparadies mit einem kleinen Touristenzug oder entlang der Holzbohlenwege, die wie Stelzen aus dem Wasser ragen. Vom Campingplatz Camp Family Kopačevo gelangt man zu Fuß

← Mitten in Kopačevo versteckt sich der Platz.
→ Sanft gleitet das Ausflugsboot durch das Naturparadies Kopački rit.

dorthin. Der Platz befindet sich mitten im Dorf Kopačevo, unweit des Besucherzentrums. Fast könnte man daran vorbeifahren – so unaufgeregt fügt er sich in die Dorfstraße ein. Ein Rolltor schirmt Rezeption und Waschräume im Eingangsbereich vor neugierigen Blicken ab. Zu den Stellplätzen führt ein breiter, ebener Weg, Reisemobile, aber auch Zeltcamper kommen hier unter. Der Platz ist auch bei Bikern und Radfahrern beliebt. Es gibt eine Gemeinschaftsküche mit Kühlschrank und einen Grill für alle, Kinderspielplatz, Strom und die Entsorgung von Wohnmobiltoiletten – alles guter und üblicher Standard.

Tipp

Durch Kopačevo führen zwei Fernradwege: Die Donauroute (EuroVelo Nr. 6) verläuft 138 km durch Kroatien entlang der serbischen und ungarischen Grenze. Recht neu ist der Fernradweg »Amazon of Europe«, der fünf Länder miteinander verbindet. Ein Radl kann man im Besucherzentrum des Naturparks leihen. Strecken unter www.eurovelo.com und www.aoebiketrail.com.

Wie aus der Zeit gefallen

Kopačevo ist keine Metropole, sondern ein ruhiges Dorf mit einstöckigen Häusern und Fassadengiebeln, die nach oben hin bogenförmig zulaufen. Rote Ziegeldächer, nostalgische Straßenlaternen und Schornsteine, auf denen Störche nisten – alles wirkt ein wenig wie aus der Zeit gefallen. Der Fischfang ernährte Kopačevo früher, rund 200 Berufsfischer lebten hier. Seit das Sumpfgebiet 1967 zum Naturpark erklärt wurde, ist der Fischfang verboten. Heute sichern Gemüseanbau und Tourismus den 600 Einwohnern von Kopačevo das Auskommen. Slawonien, die Baranja und Syrmien – der gesamte Osten Kroatiens kämpft gegen die Abwanderung. Viele Familien verlassen die strukturschwache Region, um in Deutschland, Irland und anderswo neu anzufangen. Im September sind dann allerdings wieder alle da, beim größten Volksfest der Region: den Fischertagen von Kopačevo mit Wein, Musik und Tanz und vorzüglichem *Fišaprikaš* (sprich: Fischpaprikasch), der mit reichlich Fisch und Paprika zubereitet im Kessel brodelt. Eine kleine Sammlung mit altem Angelgerät und bäuerlichen Alltagsgegenständen im Dorf erinnert an das Leben, wie es früher war.

Der Naturpark Kopački rit kennt nicht nur ehemalige Fischer, sondern auch Jäger. In diese Welt taucht man am zweiten Eingang in den Naturpark am Jagdschloss Tikveš ein. Hübsch restauriert erhebt es sich mitten in einem Wald, mit einer Villa im Landhausstil, Kapelle, Spielplatz und Restaurant. Hier scharte erst der jugoslawische König Aleksander, später auch Staatschef Tito eine illustre Jagdgesellschaft um sich. Im jüngsten Krieg der 1990er-Jahre war das Anwesen komplett geplündert worden – nun glänzt es wieder, dank EU-Mitteln.

Jugendstilpracht in Osijek

Der Campingplatz ist auch ein guter Standort, um Osijek zu entdecken: Die viertgrößte Stadt Kroatiens erstreckt sich mit hübscher Uferpromenade an der Drau, über die sich eine lange Fußgängerbrücke spannt. Den Hauptplatz überragt der 94 Meter hohe Glockenturm der riesigen neugotischen Pfarrkirche, die den Heiligen Peter und Paul geweiht ist. In Osijek dreht die, neben Zagreb, einzige Tram Kroatiens ihre Runden. Bei der Inbetriebnahme 1894, im alten Essek, lebten noch viele deutsche Familien in der Stadt. Die Prachtmeile Osijeks ist die Europska avenija mit der vielleicht längsten im Jugendstil gebauten Gebäudereihe in Südosteuropa. Schnurgerade führt sie in die eigentliche Altstadt von Osijek, ins Festungsviertel Tvrđa – mit Wassertor, Wasserturm, Katakomben und Wehrmauern an der Drau. Innerhalb der Festung erhebt sich ein barockes Stadtviertel mit Museen, Galerien, Cafés und Restaurants, das hübsch restauriert wurde. Ein Muss!

↗ Osijeks Hauptplatz mit Kathedrale
← Landhaus im Schlosskomplex Tikveš

Info

Camp Family Kopačevo, Ulica Ferenca Kiša 7, 31327 Kopačevo, www.camping.hr/hr/kampovi/family-camper-stop

SIGHTSEEING
Naturpark Kopački rit mit Vogelbeobachtung, Touristenzug (ganzjährig), Bootsfahrt (nur Sommer) sowie Jagdschloss Tikveš

ESSEN UND TRINKEN
Landgut Didin Konak, 31327 Kopačevo, www.didinkonak.hr; Seerestaurant Čingi Lingi Čarda, Ulica kralja Zvonimira 98, 31327 Bilje, https://cingi-lingi-carda.eatbu.com

ACTION UND AUSFLÜGE
Ökozentrum Zlatna greda mit Hostel, Fotosafari, Kajaktouren, Zlatna Greda 16, 31328 Lug, www.zlatna-greda.org; Jagdschloss des Prinzen Eugen von Savoyen in Bilje (nur von außen); Stadtbummel durch Osijek mit Festungsviertel Tvrđa und am Drau-Ufer entlang; Esterhazy-Schloss in Darda (nur von außen)

ANREISE
Von der Autobahn A 3 bei Slavonski Brod auf die A 5 bis Osijek fahren, dort die Straße 4257 bis Bilje nehmen, dann immer rechts halten (Beschilderung)

TOURISTENINFORMATION
www.pp-kopacki-rit.hr, www.visitslavoniabaranja.com

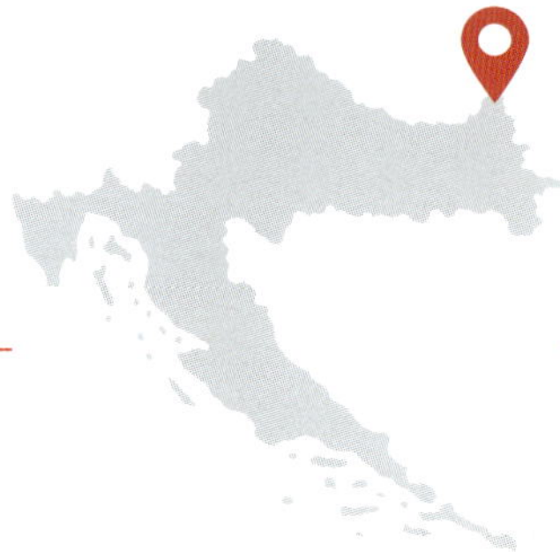

52 Eine Prise Paprika darf nicht fehlen

In der Baranja sind die Sommermonate strohgelb

Ganz im Nordosten, im Dreiländereck zu Ungarn und Serbien, geht Slawonien in die Baranja über. Im Sommer spannt sich der blitzblaue Himmel über strohgelbe Kornfelder. Gecampt wird beim Winzer, und eine Prise Paprika gehört überall dazu.

Mit dem Camper durch die Baranja gleiten, das heißt: endlose Kornfelder, ein Meer an Sonnenblumen und kreisrunde Strohballen am Straßenrand. Im Gegensatz zum fast überall flachen Slawonien wellt sich die Landschaft in der Baranja allerdings gelegentlich, und Weinstöcke stehen Spalier. In den Straßendörfern zeigen selbst gemalte Schilder, wo es frisch gemahlenen Spitzpaprika oder Hauswein zu kaufen gibt. Wer hier stoppt, wird auf Ungarisch, Kroatisch oder Serbisch herzlich begrüßt. Die Baranja, eine traditionelle Vielvölkerregion, war lange ungarisch. Der südlichste Verwaltungsbezirk in Ungarn, das Komitat Baranya, grenzt direkt an den kroatischen an. In den Wirtshäusern der kroatischen Baranja darf daher eine Prise Paprika nicht fehlen, und das gehört zu den Hauptattraktionen der Region: die vorzüglichen Restaurants! Die Gastwirte scheinen unablässig in Sorge zu sein, dass ein Gast hungrig nach Hause gehen könnte – und meinen es gut mit den Portionen. Am offenen Feuer wird Karpfen nach »Steckerlfisch«-Art gegrillt, in den Kesseln schmoren der Flussfischeintopf *Fišpaprikaš* oder der Wildtopf *Čobanac*. Die Donau ist gleich ums Eck, weite Jagdreviere ebenso – und gutes Essen, begleitet von köstlichem Weißwein, meist Graševina (Welschriesling), gehört zur Lebensart.

Idyllische Weindörfer

Gleitet man durch die Baranja, sucht man vergeblich nach größeren Städten. Beli Manastir, die »Hauptstadt« kommt gerade mal auf 6500 Einwohner – ganz unaufgeregt mit einem kleinen Platz, Wohnhäusern und einem schönen See am Ortsrand. Die Dörfer sind jedoch idyllisch, und ein Roadtrip lohnt sich, etwa in das Weindorf Zmajevac mit seinen renom-

↗ Grüne Natur, blaues Wasser: Mit diesem Blick wacht man auf dem Campingplatz Suza Baranje auf.

↑ Geselliges Beisammensein im Heuschober oder im Freien – mit Weinprobe der netten Gastgeber
↘ Holzbohlen führen über die Flussarme und Seen im Naturpark Kopački rit.

mierten Winzern wie Josić und Gerštmajer. Das Ethno-Dörfchen Karanac ist für sein Landgut und Restaurant Baranjska kuća (Baranja-Haus) bekannt, vor dem ziemlich fotogen Spitzpaprika getrocknet wird. Hier kann man auch Kutschfahrten buchen.

Pflaumen auf dem Zeltdach

Ganz im Osten, unweit der serbischen und ungarischen Grenze, taucht das Weindörfchen Suza auf, das schon 1252 als Schenkung König Belas IV. als Chuza erwähnt wird. Der Campingplatz Suza Baranje dürfte alle Camper erfreuen, denn er ist einer der wenigen im Osten Kroatiens. Zwei Einfahrten führen auf das Areal: Eine recht steil, eine, die sich auch für größere Reisemobile geeignet, ist flacher. Wer als Zeltcamper unterwegs ist, kann seine Heringe einfach hinter dem Haus unter schattigen Obstbäumen einschlagen – wie die Autorin. Doch nicht erschrecken, wenn im Sommer eine überreife Pflaume mit einem »Plumps« mitten in der Nacht auf dem Zeltdach landet. Im alten Heuschober nebenan sitzt man auf rustikalen Holzbänken, in einem Kühlschrank gibt es Hauswein und Softdrinks. Grillen ist auch möglich. Fast fühlt man sich wie bei Oma im Garten. Ein paar Stufen führen hinauf ins moderne Waschhaus, das mit je zwei Duschkabinen ausgestattet ist. Davor, im Freien, gibt es getrennte Waschbecken für Wäsche und Geschirr. Erfrischend nach einem langen heißen Tag auf dem Asphalt ist der kleine Aufstellpool am Platz. Und ebenso der Teich nebenan, der das grüne Gelände bereichert. Dazu noch eine selbst gezimmerte Schaukel für die Kleinen – perfekt!
Eine Familie aus Prag, die an die Adria will, wählt einen Standplatz aus gerade mal einer Handvoll Parzellen weiter unten aus, wegen dem Strom. Ein Pärchen mit ungarischem Motorradkennzeichen schläft in einem Festivalzelt unter Obstbäumen. Mehr Camper sind es an diesem Juliabend nicht, alles ist sehr familiär. Auch Hunde sind hier willkommen. Da die Pannonische Friedensroute und der Donauradweg hier durchführen, steigen auch viele Radfahrer ab. Für sie wurde ein Mini-Reparaturservice eingerichtet, der Werkzeug bereithält. Eine Fahrradbox sichert das Gefährt in der Nacht.
Natürlich kann man bei den Betreibern auch eine Weinprobe bekommen. Familie Kolar stellt seit Generationen Wein her, der in einem über 100 Jahre alten Weinkeller gelagert wird. Im eigenen Restaurant, schräg gegenüber dem Campingplatz, gibt es *Perkelt* – einen dicken Eintopf aus Fisch, Wild und Hühnchen, der eine gute Grundlage für den Wein darstellt.

Tipp

Am Dreiländereck bei Batina thront ein monumentaler Obelisk auf einem Panoramahügel hoch über der Donau. Die Aussicht auf Kroatien, Ungarn und Serbien ist einfach grandios. Mit dem Denkmal des kroatischen Bildhauers Antun Augustinčić wird an eine der erbittertsten Schlachten im Zweiten Weltkrieg erinnert.

Info

Camping Suza Baranje, Ulica maršala Tita 94 b, 31308 Suza, www.camping.suzabaranje.com

SIGHTSEEING

Panoramahügel mit Denkmal in Batina

ESSEN UND TRINKEN

Restaurant Podrumi Kolar gegenüber dem Platz; Kovač Čarda, Ulica maršala Tita 215, 31308 Suza, https://kovaccarda.eatbu.com

ACTION UND AUSFLÜGE

Durch Suza verlaufen zwei Fernradwege: die Donauroute (EuroVelo Nr. 6) und die Pannonische Friedensroute; Ethno-Dorf mit Restaurant und Kutschfahrten in Karanac; Badestrand an der alten Donau in Draž; Weindorf Zmajevac mit Erzeugern wie Mišika Gerštmajer and Damir Josić; Jagdschloss in Bilje (nur von außen); Esterhazy-Schloss in Darda (nur von außen); Naturpark Kopački rit mit Jagdschloss Tikveš

ANREISE

Von der Autobahn A 5 von Osijek die Ausfahrt Beli Manastir nehmen, auf der Straße D 7 bis Kneževi Vinogradi, dann weiter auf der D 212 in Richtung Batina; der Campingplatz befindet sich im Ortskern von Suza

TOURISTENINFORMATION

www.tzbaranje.hr, visitslavonia baranja.com

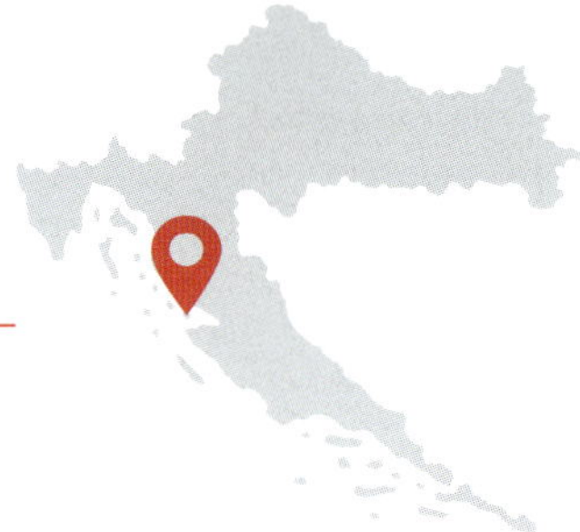

53 Der Traum des Leuchtturmwärters

Abchillen kurz vor der Insel Pag

So gut wie auf der Insel Pag campt man hier, in diesem Winkel von Norddalmatien. Bis zur Brücke Paški most, vor dem bleichen Velebit-Gebirge, sind es nur wenige Kilometer. Auf dem Campingplatz dann die Wahl: Meer oder Pool?

Der Name des Campingplatzes, Odmoree, ist ein Wortspiel: *odmor* heißt Erholung, und *more* ist das kroatische Wort für Meer, also »Erholungammeer« wäre das richtige Wort – auch wenn das Rechtschreibprogramm bei dieser Wortschöpfung signalrot aufleuchtet. Beides – also Erholung und Meer – gibt es hier in Norddalmatien satt. Wer ohne Fähre auf die Insel Pag will, die sich unterhalb des bleichen Velebit-Gebirges duckt, nur durch einen schmalen Meereaarm getrennt, kommt direkt am Campingplatz vorbei: Rtina heißt die winzige Siedlung auf der Landzunge, die wenige Kilometer weiter in die Brücke auf die Insel Pag mündet. Ein paar Häuser, ein kleiner Strand – Berge und Meer fest im Blick: Fast fühlt man sich hier, im Hinterland von Zadar, wie auf einer Insel. So beschaulich ist es längst nicht überall auf dem Küstenfestland.
Ein modernes Schild an der Fast-Inselstraße macht darauf aufmerksam, dass man genau jetzt abbiegen muss, wenn man zum Campingplatz hinunter möchte. Der Asphaltweg führt fast ans Wasser, zweigt aber kurz davor linker Hand ab. Auch mittelgroße Wohnmobile meistern das Abbiegen lässig. Die Rezeption präsentiert sich mit großem Glasfenster, Deko und Vintage-Bank. Nebenan: zwei kleine Kinderspielgeräte im Schatten des Wohnhauses. Dort ist auch ein Hostel mit drei Räumen untergebracht, in denen bis zu 18 Gäste Platz finden.

Zelt oder Zimmer?

Die Zimmernamen machen neugierig: »Müde Seemänner« heißt einer der Schlafsäle übersetzt. Der andere, »Traum des Leuchtturmwärters«, besticht mit weiß-blauem maritimem Interieur. Fast ist man versucht, Wettergott Petrus überhaupt nicht böse zu sein, wenn er seine Regenschleuse öffnet – dann

→ Ab auf die Insel – ganz ohne Fähre: die Betonbogenbrücke Paški most

hätte man als Zeltcamper einen guten Grund, in einem der modernen Zimmer abzusteigen. Ansonsten schlägt man die Heringe in einen der beiden Sonnenareale ein, die für Zelte vorgesehen sind. Neun Parzellen erstrecken sich im Schatten, und auf der gegenüberliegenden Seite des Asphaltwegs hat man die Wahl aus vier Mobilheimen. Direkt unterhalb wellt sich das Meer, nur wenige Schritte entfernt – falls man überhaupt so weit kommen sollte. Auf dem Weg dorthin passiert man nämlich einen kleinen, modernen Pool, der perfekt zum Entschleunigen ist: Ein Mini-Café mit Loungemöbeln, ein paar Liegen – und der perfekte mediterrane Nachmittag an der Adria ist gesichert. Wer die paar Schritte zum Strand doch noch schafft, wird von ein paar schaukelnden Booten und einem kleinen Kiesstrand begrüßt.

Tipp

Der Pager Käse, *Paški sir*, ist eine Spezialität. Seinen besonderen Geschmack erhält er durch die Milch frei lebender Schafe, die mit Meersalz »gewürzte« Wildkräuter grasen. Das Salz wird von der Bora aufgepeitscht und legt sich als dünne Schicht auf Pflanzen und Landschaft. Eine Verkostung ist in der Käserei Gligora in Kolan möglich. www.gligora.com

Vor den Toren der Insel Pag

Eigentlich müsste man das Gelände gar nicht verlassen, außer, um sich mit etwas Essbarem einzudecken oder sich in einem Restaurant in einer der umliegenden Siedlungen bekochen zu lassen. Ein Mini-Ausflug muss jedoch sein, denn die Brücke von Pag, Paški most, ist schon ein spektakulärer

Ort – und auch mit dem Wohnmobil bequem zu erreichen. Dort kann man sich stundenlang hinstellen und Handy oder Fotokamera nach Herzenslust einfach klicken lassen. Eine kleine Bar gibt es in den Sommermonaten dort auch.
Das Panorama: das Velebit-Gebirge im Hintergrund, dazwischen ein Kanal, in dem der gefürchtete Bora-Fallwind ganz schön pusten kann. Das sieht man hier, an der Festlandseite von Pag, besonders gut. Die wirkt so glatt geschliffen, dass sie an eine Mondlandschaft erinnert. Umgeben von dieser öden, aber eindrucksvollen Steinwüste spannt sich die 340 Meter lange Brücke an der schmalsten Stelle über das Meer. Gleich nach der Brücke sollte man links abbiegen, denn so gelangt man zur Brückenfestung Fortica, einer frei zugänglichen Ruine. Ein guter Fotostopp, aber Vorsicht! Hier wird es ein wenig steil. Der Blick fällt direkt auf die Brücke von Pag.
Folgt man der Inselstraße, kann man einen Halt am Vogelbeobachtungspunkt Veliko Blato (»Großer Sumpf«) linker Hand einlegen. Die Straße geradeaus führt hingegen schnurgerade in die Inselhauptstadt Pag, die für ihre aufwendige Spitzenkunst bekannt ist, die meist ältere Frauen in den engen Steingassen verkaufen. Zudem kennt man Pag für sein Meersalz, *Paška sol*, das es in jedem Supermarkt gibt. Die alten Salzmagazine kann man sich am Rand der Altstadt anschauen. Wer Pag komplett entdecken möchte, kommt am Partystrand Zrće bei Novalja vorbei – dem bekanntesten und lautesten im Land. Dort der Landzunge bis nach Lun folgen, zu den Olivengärten mit 80 000 knorrigen Bäumen – und man hat einen guten Überblick über Pag gewonnen, das so felsig-karg, in der Inselmitte aber auch grün und mild daherkommt.

↗ Eine gemütliche Terrasse mit Meerblick gehört zum Campingplatz Odmoree.
← Mittendrin in der kargen Landschaft auf Pag

Info

Odmoree Camp & Hostel, Rtina 161 b, 23248 Ražanac, www.odmoree.com

SIGHTSEEING
Brücke von Pag mit Festungsruine Fortica; Aussichtsplattform Vogelschutzgebiet Veliko Blato, Insel Pag

ESSEN UND TRINKEN
Restaurant Taraca Grill, Mirka Miočića I 105, 23248, Rtina; Restaurant & Pension Mate, Rtina 311, Siedlung Miletići, www.pension-mate.com

ACTION UND AUSFLÜGE
Ausflüge nach Pag-Stadt, Nin oder Zadar; Olivengärten von Lun auf der Insel Pag, www.olive-gardens.eu; Fotoshooting oder Bungee-Jumping auf der »alten« Maslenica-Brücke (Maslenički most) an der Adriamagistrale D 8; Heilig-Kreuz-Kirche (Sveti Križ) Posedarje am Binnenmeer Novigradsko more

ANREISE
Auf der Autobahn A1 Ausfahrt 16 – Posedarje nehmen, dem Schild Otok Pag/Ražanac auf der Straße 106 folgen und nach der Beschilderung des Platzes Ausschau halten

TOURISTENINFORMATION
www.tz-razanac.hr

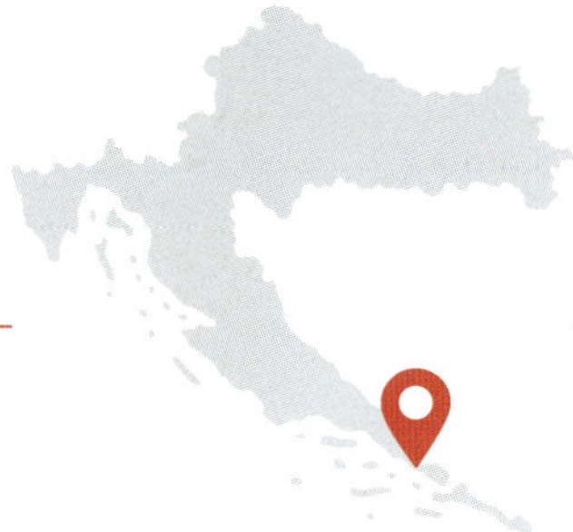

54 Im Schilf die Seele baumeln lassen

Ein Naturidyll an den Baćin-Seen

Mitten im Grünen, direkt an einem See – und nur ein paar Hundert Meter vom Meer entfernt: Die Baćinska jezera, die Baćin-Seen, in Süddalmatien sind ein Idyll mit einem hübschen, kleinen Campingplatz, wie man ihn vielleicht lange sucht.

Der Campingplatz Baćinska jezera lässt sich mit zwei Worten beschreiben: schön idyllisch. Da ist das Seeufer mit einem hölzernen Bootssteg, der sich zwischen hohem Schilf versteckt, da sind die grünen Hügel im Hintergrund und Obstbäume am Weg. Wenn man gerade aus dem südlich angrenzenden Hafenstädtchen Ploče kommt, dann reibt man sich in dieser grünen Oase verwundert die Augen – so schön malerisch und ruhig ist es hier, nur wenige Kilometer entfernt. Man muss nur direkt von der Adriamagistrale abzweigen, gleich beim Restaurant auf dem breiten Parkplatz. Dort führt der Weg hinunter. Am Seeufer dann links halten, an einer Strandbar und an ein paar versprenkelten Häusern vorbei, immer das Ufer im Blick – und nur wenige Minuten später taucht man in eine ganz andere, ruhige Welt ein. Kurz und steil ist die Einfahrt auf die Seewiese hinunter, wo direkt am Ufer und teilweise schön schattig unter Trauerweiden gecampt wird. Größere Wohnmobile, die sich die – wirklich nur kurze – Zufahrt ersparen wollen, können oberhalb parken, mitten in einem blühenden Garten mit Hecken und reichlich Grün. Dort ist auch gleich das Waschhaus. Wenn nicht ohnehin gerade jemand von der Betreiberfamilie draußen ist, klingelt man kurz. Die Glocke ist an einem Holzschild neben der Einfahrt befestigt. Schon kommt jemand, in diesem Falle der Hausherr, und grüßt so freundlich und herzlich, als seien gerade alte Freude zu Besuch gekommen.

Der See ist wärmer als das Meer

Die Seewiese ist das Herzstück des kleinen Campingplatzes: Dort könnte man den ganzen Tag, ein wenig versteckt und von Schilf umgeben, auf dem Holzsteg sitzen und einfach nur die Füße baumeln lassen. Entschleunigung pur! Der Blick fällt auf ein paar Häuser am anderen Seeufer, in denen Privatzimmer vermietet werden. Alles wirkt recht entspannt und überschaubar – der Massentourismus hat hier noch nicht Einzug gehalten. Und das ist gut so. Mit ein wenig Glück kann man hier in Süddalmatien sogar noch im Oktober im See baden. Überhaupt sind die Baćinska jezera ein paar Grad wärmer als das Meer. Sieben Süßwasserseen gibt es, davon sind sechs miteinander verbunden. Geologisch handelt es sich um Senken, die mit Wasser gefüllt sind und als Kryptodepression bezeichnet werden. Der Seegrund liegt dabei unterhalb des Meeresspiegels, die Wasseroberfläche allerdings darüber. Die Wasserlandschaft, die sich hier zwischen den Ausläufern des Biokovo-Gebirgszugs, der Adria und dem Neretva-Delta erstreckt, ist wirklich ungewöhnlich. Das erkannte schon eine illyrische Herrscherin vor langer Zeit. Sie soll die Seen so verehrt haben, dass diese heute auch als »Perlen der Königin Teuta« bekannt sind. Recht hatte sie, mag man ausrufen!

← Romantisch campen am See geht hier bestens.
↗ Einfach klingeln, und die Gastgeber kommen raus.

Der Pirol liefert ein Konzert

Vogelgezwitscher unterbricht die Stille am See. Im Juli und August macht sogar ein ganz besonderer Zugvogel hier Rast, der Pirol. Mit seinem auffällig knallgelben Federkleid ist er leicht zu erkennen. Vor allem kann man ihn jedoch akustisch vernehmen, da er einen ganz spezifischen, flötenden Gesang hat, der sich mit »büloo-büloo« umschreiben lässt. Häufiger sieht man hier allerdings Wildenten. Ornithologen dürften entzückt sein!

Was es hier nicht gibt: einen Laden oder ein Restaurant. Wer nicht selbst den Kochlöffel schwingen möchte, kann sich allerdings von einer Nachbarsfamilie wunderbar bekochen lassen: Authentische, lokale Gerichte mit Gemüse aus dem eigenen Garten werden dabei frisch zubereitet. Der nette Betreiber organisiert dieses Essen, natürlich nach Vorbestellung und gegen Bezahlung. Infos hängen auch am Schwarzen Brett aus.

Wenn es mal schneller gehen soll, gibt es ein paar Hundert Meter entfernt zwei Strandbars mit Kaffeeausschank und gekühlten Getränken. Dort kann man in den Sommermonaten ein Stehpaddelbrett oder Kanu ausleihen und die Seenlandschaft umrunden. Oder man bucht gleich eine Tour mit einem traditionellen überdachten Holzboot, einer *Neretvanska lađa*. Es hat einen ganz flachen Boden und kann auf den Seen gut eingesetzt werden.

Die traditionellen überdachten Holzboote sind so flach, dass man mit ihnen die Seen gut entdecken kann.

Am Wochenende kommen viele Kroaten hierher, die einen Ausflug unternehmen oder neben den Strandbars baden. Wer mag, kann die Seen auch mit dem Fahrrad umrunden, das man sich in einer der beiden Strandbars leihen kann. Und wer im Oktober hier ist, sieht rote und orangefarbene Tupfer neben dem Campingplatz: Granatäpfel und Mandarinen! Was für eine Idylle – und fast möchte man den malerischen Platz gar nicht verraten …

→ Die Baćinska jezera umfassen sieben Seen – ganz nah an der Adria.

Info

Camping Baćinska jezera, Baćinska jezera 21, 20340 Ploče, https://camping-bacinskajezera.com

SIGHTSEEING

Bootsausflüge mit der *Neretvanska lađa*, Start von der Beachbar Parić, www.bacinskajezera.com

ESSEN UND TRINKEN

Die Nachbarn bekochen die Campingplatzgäste, Infos am Platz; zwei Strandbars in der Umgebung: Beach Bar Salix und Beach Bar Parić; Restaurant Fulin, Ulica Vladimira Nazora 45, 20340 Ploče-Centar, www.facebook.com/restoranfulin

ACTION UND AUSFLÜGE

Kajakverleih in den Strandbars; Fahrradverleih in der Strandbar Perić: Tour um die Seen (10–15 km); Stand-up-Paddel-Kurse und -Touren, www.paddlesurfcroatia.com

ANREISE

Auf der Adriamagistrale D 8 direkt beim Parkplatz/Restaurant Baćinska jezera abbiegen, am Seeufer links abbiegen, immer dem Ufer folgen und an der Beach Bar Parić vorbei rechts halten

TOURISTENINFORMATION

https://visitploce.croatia.hr/de-de

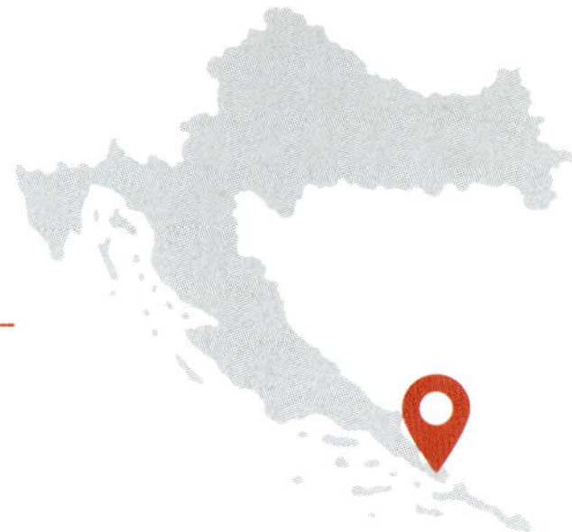

55 Positive Energie tanken

Auf der Obstwiese bei Opuzen in Süddalmatien

Kein Platz für jedermann. Ist man jedoch genügsam und naturverbunden – unbedingt! Und wer schon immer mal mit Blick auf Mandarinen oder Granatäpfeln aufwachen wollte: bitte schön! Das Mini-Camp erinnert an die erste Zeltnacht in Nachbars Garten …

Ein wunderbarer Obstgarten erwartet hier den Gast im Süden Dalmatiens. Schon der Name spricht für sich: Good Energy Camping. Hier ist jeder willkommen, der zur positiven Energie beiträgt, die hier vorherrscht. Die Atmosphäre ist familiär, freundlich und auch etwas alternativ. Gerade mal ein Dutzend Campingurlauber haben Platz, das Areal ist sehr überschaubar. Eine leicht abschüssige, kurze Einfahrt führt direkt von der Hauptstraße nach Opuzen auf das Gelände hinunter. Für die ganz großen Reisemobile dürfte das Tor in der Natursteinmauer zum Nadelöhr werden. Wer durchpasst, durchquert eine grüne Wiese: rechts die Obstbäume, links die mit einem bunten Stoffvorhang abgeschirmte Gemeinschaftsküche. Es fühlt sich ein wenig wie Zelten in Nachbars Garten an. Damals, als die knallgrünen Plastikzelte aus dem »Yps«-Heft ausgepackt und sofort ausprobiert wurden – mitten auf der grünen Wiese in der Nachbarschaft.

Tomaten soll es auch mal geben

Campingplatz-Chef Dalibor, der den Platz vor nicht allzu langer Zeit eröffnet hat, hat einige Jahre im Ausland verbracht – auch in Deutschland. Seine Vision: In ein paar Jahren, wenn die Bäume groß genug seien, um »so richtig« Schatten zu spenden, werde es hier noch besser, verspricht Dalibor. Ein Rundumblick lässt einen stutzen, zumindest an diesem sonnigen Oktobertag: Wo sonst, bitte schön, kann man neben so prallen Mandarinenbäumen übernachten? Mit Blick auf tiefrote Granatäpfel, die schwer an den Ästen hängen. »Im Sommer gibt es auch Äpfel und Pfirsiche«, verspricht Dalibor. Schon jetzt ist der Platz ideal, um sich mit frischem Obst und Gemüse – ohne Transportstrecke – zu versorgen. Denn der Hausherr betreibt genau vor

↗ Wie bei Oma im Obstgarten campt man hier im Süden Kroatiens.

↑ Reiche Herbsternte gibt es am Platz.
↘ An der Neretva-Mündung kann man wunderbar geschützt Vögel beobachten.

dem Eingang eine kleine Bretterbude, in der im Herbst Mandarinen in Säcken angeboten werden, aber auch Kürbisse, Säfte, Liköre, Marmeladen – alles hausgemacht. Ganz langsam soll der Platz dann ausgebaut werden: Den Gewinn – der Stellplatz für Zelte und Wohnmobile ist aktuell noch sehr erschwinglich – will Dalibor in neue Projekte investieren, etwa einen geplanten Gemüsegarten, in dem Gäste dann auch Tomaten ernten dürfen.

Abchillen an der Neretva-Mündung

Die Lage des Platzes: Direkt nebenan verläuft die Küstenmagistrale D 8, die sich hier vom Meer entfernt und einen Knick ins Landesinnere macht. Das sorgt für ein gewisses Grundrauschen. Parallel zur Straße plätschert der Fluss Neretva. Dieser Abschnitt rund um Opuzen ist bekannt für seine zahlreichen Obststände, alles lokal und saisonal. Kaum ein Haus ohne Obstbäume im Garten, im Sommer gedeihen hier auch Wassermelonen.

Wo sonst übernachtet man unter Mandarinen, Granatäpfeln oder Pfirsichen, die schwer an Ästen hängen?

Opuzen selbst ist ein kleines Städtchen, das vom Tourismus weitgehend vergessen wurde. Ein paar Cafés mit Einheimischen, die Neretva und – ziemlich auffällig – die großflächige Streetart-Kunst an zahlreichen Wänden. Kurz hinter Opuzen führt die Küstenmagistrale dann den Berg hinauf, und noch vor der Pelješac-Brücke hat man in einer Parkbucht an der Landstraße den besten Ausblick auf das fruchtbare Neretva-Delta mit seinen Wasserarmen, die sich wie Tentakel durch die grüne Landschaft ziehen. Ein paar Kilometer nach Opuzen, bei der Hafenstadt Ploče, mündet die Neretva schließlich in die Adria. Gleich hinter der Komin-Brücke rechter Hand kommt man zu einem frei zugängigen Vogelbeobachtungsposten mit hölzernen Plattformen und einem Fernrohr.
Auf der schmalen Landzunge, die ins Meer hineinragt, treffen sich tagsüber Familien mit Kindern, Angler auf Klappstühlen, aber auch Van-Fahrer –

Tipp

Frösche und Aal aus dem Neretva-Delta stehen auf der Speisekarte des Traditionsrestaurants Villa Neretva, nur fünf Autominuten vom Campingplatz entfernt an der Hauptstraße. Es organisiert auch Ausflüge mit traditionellen Neretva-Booten und Musik, Foto-Safaris und Mithilfe bei der Mandarinenernte. www.hotel-restaurant-villa-neretva.hr

eine lässige Atmosphäre. Ein Stück entfernt mahnen Schilder ausdrücklich, dass Wildcampen hier nicht gestattet ist – vermutlich aus gegebenem Anlass, denn die Gegend ist sehr reizvoll. Hält man sich beim Vogelbeobachtungsposten rechts, kommt man zu einem Kiteboarding-Strand, der ebenfalls ziemlich beliebt ist. Wunderbar ist auch der Blick auf die gebirgige Pelješac-Halbinsel und die neue Brücke direkt gegenüber. Wer auf dem Weg nach Dubrovnik ist, sollte dieses Gegend unbedingt mitnehmen. Sie ist perfekt, um Land und Leute besser kennenzulernen – und sich mit den köstlichen Mandarinen, Pfirsichen oder Kirschen bei Dalibor und seinen Nachbarn einzudecken!

Info

Good Energy Camping, Adriamagistrale/D 8, 20355 Opuzen, Tel. +385/(0)91/619 86 96, www.facebook.com/goodenergycamp

SIGHTSEEING
Festungsruine Utvrda Bristanik; Streetart-Fassadenkunst in Opuzen; Festungsruine Kulia Norinska; Archäologisches Museum Narona, Naronski trg 6, 20352 Vid, www.a-m-narona.hr

ESSEN UND TRINKEN
Konoba pod maslinom, Poljanica Mate Pečića 3, 20355 Opuzen, www.facebook.com/konobapodmaslinom; Restaurant & Hotel Villa Neretva, Krvavac II, Metković, www.hotel-restaurant-villa-neretva.hr

ACTION UND AUSFLÜGE
Neretva-Delta bei Ploče-Komin mit Vogelbeobachtung; Kitesurfing im Neretva-Delta bei Ploče-Komin, www.kiteboarding-komin-neretva.com; Ausflug nach Mostar in Bosnien-Herzegowina

ANREISE
Der Küstenmagistrale D 8 ab Ploče bis kurz vor Opuzen folgen, der Campingplatz ist rechter Hand; nach der Beschilderung »Family farm« Ausschau halten

TOURISTENINFORMATION
https://visitopuzen.com

Die dicht bewaldete Insel Lošinj wartet mit einer Vielzahl von kleinen Buchten auf.

Register

Bildnachweis

Umschlagvorderseite:
oben v.l.n.r.: lookphotos/Hanna Wagner, lookphotos/ Alois Radler-Wöss
Unten: shutterstock/oksana.perkins
Umschlagrückseite:
v.o.n.u.: shutterstock/Wirestock Creators, Valamar Riviera d.d., shutterstock/Frank Fell Media, Jadranka turizam
Klappe vorne: Melissa Engel/Studioline
Klappe hinten: Veronika Wengert
Seite 2/3: Perfekt für den Familienurlaub – der Campingplatz Čigat

Arena Hospitality Group: 92

Camp Zagreb: 5 r., 146, 154

Camping Bunja: Roman Martin 109

Camping Cres Kovačine: Style Production 67 l.

Camping Jezera Village: CRO FOTO 40, 41, 43 o., 43 u.

Camping Materada: 91

Camping Rožac: Dino Čaljkušić 77 l.

Camping Stobreč Split: 79, 80

Coloursofistria.com: Neven Jurjak 14, 15 o., 64, 59 l.; Maja Cvetojević 15 u.

Jadranka turizam: 68

Martina Martinović Stosić: 177

mauritius images: Udo Siebig 71

Nationalpark Krka: 143

Nationalpark Plitvicer Seen: 129

Olivia Green Camping: 101

Plage Cachée Glamping: 35, 84/85, 110, 111

Plava Laguna: Neven Jurjak 59 r.

Ranč Ramarin: 165 r.

Romulić & Stojčić multimedia studio: 172

Rovinj-Rovigno Tourist Board: 65

San Servolo Wellness & Camping Resort: 88, 89

shutterstock: Dani Vincek 2; berni0004 6; Barbara Milavec 10; Creative Travel Projects 17; burnel1 19, 24; Ilija Ascic 22, 141 l.; goran_safarek 23, 157 r.; DoHu-CRO 25; Viliam.M 31; Isantek 32; Frank Fell Media 33; Michal Dziedziak 37; Slavenko 47; mariocigic 48; Susy Baels 49; xbrchx 51, 87, 162, 169, 173; mikecphoto 53; Ekaterina Polischuk 63; Stefan Rotter 67 r; Pablo Debat 69; Igors Rusakovs 72; Youproduction 73; trabantos 77 r.; Travellaggio 97; oksana.perkins 99; KellyShutstoc 105; Filipa Beros 119 r.; Wirestock Creators 119 l., 141 r., 175, 176; Balate Dorin 123; Chokniti-Studio 124; SSKH-Pictures 125; ZGPhotography 127; Kanuman 130; Uros Stepisnik 137 u., 181; sparc 137 o.; xbrchx 162, 169, 173

Terme Tuhelj: 34, 150, 151

Tourismusverband der Stadt Mali Lošinj: Sandro Tarija 186/187

Tourismusverband der Stadt Zagreb: J. Duval 7 r., 153; M. Gašparović 155

Valamar Riviera d.d.: 4, 5 l., 12, 18, 56, 61, 70

Veronika Wengert: 7 l., 20, 21, 26, 27, 29 l., 29 r., 38, 39 l., 39 r., 44, 45, 54, 55, 58, 74, 81, 82, 83, 95, 96, 98, 103 l., 103 r., 104, 106, 107, 112, 115, 116, 117, 121, 122, 128, 131 l., 131 r., 132, 135, 136, 138, 139, 144, 145, 148, 156, 157 l., 158, 159, 161, 163, 165 l., 166, 167, 168, 171, 178, 179, 183, 184, 185

Der
REISE MOBIL INTERNATIONAL
BORD ATLAS
für Ihre Hosentasche!
BORDATLAS WebApp –
für Smartphone, Tablet und PC
• Auf Knopfdruck Stellplätze in Ihrer Umgebung anzeigen
• Stellplätze nach Ort, PLZ, Namen oder sogar Stichwort suchen
• Nach Wunscheigenschaften filtern (Preis, Fahrzeuglänge, Entsorgung u.v.m.)
• Detaillierte Karten auf google maps-Basis
• Merklisten erstellen
• Stellplätze an einer Route planen
IMMER & ÜBERALL
die aktuelle BORDATLAS-Stellplatzdatenbank nutzen:
Mit 7.100 Stellplatz-Einträgen in Deutschland und Europa, überprüft und vollständig.
Alle Infos, alle Preise auf:
www.bordatlas.de/registrieren
BORD ATLAS
Bodensee
Alle
Gratis
Meist gesuchter Stellplatz
Der erste Wohnmobilhafen am See
BEISPIELBILD
30,2 km
Zur Listenansicht
Route planen
Merkliste
Stellplatzsuche
Ihr Account

Impressum

Verantwortlich: Maren Langendorff
Redaktion: Ewald Tange
Layout: Ewald Tange
Korrektorat: Linde Wiesner
Umschlaggestaltung: Regina Degenkolbe, Ewald Tange
Repro: LUDWIG:media
Kartografie: Kartografie Huber, Heike Block
Herstellung: Alexander Knoll
Printed in Poland by CGS Printing

★★★★★

Sind Sie mit diesem Titel zufrieden? Dann würden wir uns über ihre Weiterempfehlung freuen.
Erzählen Sie es im Freundeskreis, berichten Sie Ihrem Buchhändler, oder bewerten Sie bei Onlinekauf.
Und wenn Sie Kritik, Korrekturen, Aktualisierungen haben, freuen wir uns über Ihre Nachricht an Bruckmann Verlag, Postfach 40 02 09, D-80702 München oder per E-Mail an lektorat@verlagshaus.de

Unser komplettes Programm finden Sie unter

www.bruckmann.de

Alle Angaben dieses Werkes wurden von der Autorin sorgfältig recherchiert und auf den neuesten Stand gebracht sowie vom Verlag geprüft. Für die Richtigkeit der Angaben kann jedoch keine Haftung übernommen werden, weshalb die Nutzung auf eigene Gefahr erfolgt. Sollte dieses Werk Links auf Webseiten Dritter enthalten, so machen wir uns die Inhalte nicht zu eigen und übernehmen für die Inhalte keine Haftung.

In diesem Buch wird aus Gründen der besseren Lesbarkeit das generische Maskulinum verwendet. Weibliche und anderweitige Geschlechteridentitäten werden dabei ausdrücklich mitgemeint, soweit es für die Aussage erforderlich ist.

Empfehlung der Redaktion
Sie sind auf der Suche nach weiterführender Literatur? Dann empfehlen wir Ihnen den Titel »Happy Camping Europa« von Michael Moll.

Die Deutsche Nationalbibliothek verzeichnet diese Publikation in der Deutschen Nationalbibliografie; detaillierte bibliografische Daten sind im Internet über http://dnb.d-nb.de abrufbar.

Infanteriestraße 11a
80797 München

ISBN: 978-3-7343-2723-0